Schriften des

NIKOLAUS VON KUES

in deutscher Übersetzung

Im Auftrag der
Heidelberger Akademie der Wissenschaften
herausgegeben von

ERNST HOFFMANN † · PAUL WILPERT †
und KARL BORMANN

Heft 15a
Lateinisch-deutsche Parallelausgabe

NICOLAI DE CUSA

De docta ignorantia

Liber primus

Edidit

PAULUS WILPERT †

IN AEDIBUS FELICIS MEINER
HAMBURGI

NIKOLAUS VON KUES

Die belehrte Unwissenheit

Buch I

Übersetzt und mit Vorwort und Anmerkungen
herausgegeben von

PAUL WILPERT †

Vierte, erweiterte Auflage
besorgt von

HANS GERHARD SENGER

Lateinisch-deutsch

FELIX MEINER VERLAG
HAMBURG

PHILOSOPHISCHE BIBLIOTHEK BAND 264a

1964 Erste Auflage, herausgegeben von Paul Wilpert
1970 Zweite, verbesserte Auflage, besorgt von Hans Gerhard Senger
1979 Dritte, durchgesehene Auflage, besorgt von Hans Gerhard Senger
1994 Vierte, erweiterte Auflage, besorgt von Hans Gerhard Senger

Die Deutsche Bibliothek – CIP-Einheitsaufnahme

Nicolaus ‹de Cusa›:
Schriften des Nikolaus von Kues in deutscher Übersetzung / im Auftr. der Heidelberger Akademie der Wissenschaften hrsg. von Ernst Hoffmann ... – Lat.-dt. Parallelausg. – Hamburg : Meiner.
(Philosophische Bibliothek ; ...)
NE: Hoffmann, Ernst [Hrsg.]; Nicolaus ‹de Cusa›: [Sammlung]
Lat.-dt. Parallelausg.
H. 15. Nicolaus ‹de Cusa›: Die belehrte Unwissenheit.
A. Buch I. – 4., erw. Aufl. / besorgt von Hans Gerhard Senger. – 1994

Nicolaus ‹de Cusa›:
Die belehrte Unwissenheit : lateinisch-deutsch / Nikolaus von Kues. – Hamburg : Meiner.
(Schriften des Nikolaus von Kues in deutscher Übersetzung / im Auftr. der Heidelberger Akademie der Wissenschaften hrsg. von Ernst Hoffmann ; H. 15)
(Philosophische Bibliothek ; Bd. 264)
Einheitssacht.: De docta ignorantia
Parallelsacht.: De docta ignorantia. –
ISBN 3-7873-0417-7
NE: 2. GT
A. Buch I / übers. und mit Vorw. und Anm. hrsg. von Paul Wilpert. – 4., erw. Aufl. / besorgt von Hans Gerhard Senger. – 1994
ISBN 3-7873-1158-0
NE: Wilpert, Paul [Hrsg.]

 – Druck: Wilhelm Carstens, Schneverdingen. Einbandgestaltung: Jens Peter Mardersteig. Gedruckt auf säurefreiem, alterungsbeständigem Werkdruckpapier. Printed in Germany.

INHALT

NIKOLAUS VON KUES

De docta ignorantia / Die belehrte Unwissenheit
Liber primus / Buch I

VORWORT ZUR VIERTEN AUFLAGE

Nachdem in der zweiten und dritten Auflage dieser Ausgabe des ersten Buchs De docta ignorantia – Die belehrte Unwissenheit in der Übersetzung, in den Anmerkungen und in den Registern einige Druckfehler und Ungenauigkeiten korrigiert und die Anmerkungen erweitert wurden, kann die vierte Auflage in diesen Teilen unverändert erscheinen.

Obwohl die im Anmerkungsteil zitierten und im Literaturnachweis verzeichneten Editionen und Übersetzungen inzwischen teilweise in neuen Ausgaben vorliegen, bleibt die Aktualisierung einer späteren Überarbeitung vorbehalten. In einem Nachtrag zum Literaturnachweis wird jedoch auf solche Neuerscheinungen verwiesen.

Neu hinzugefügt wurde auch der Bibliographische Nachtrag (1977–1993), in dem die seit der letzten Auflage erschienenen Editionen und Übersetzungen von De docta ignorantia sowie die Veröffentlichungen verzeichnet sind, die sich mit dieser Schrift im weiteren Sinn befassen. Daß De docta ignorantia in der Cusanus-Forschung noch immer eine zentrale Stellung einnimmt, wird durch die recht umfangreiche Literaturliste dokumentiert; sie wird ergänzt durch ein Rezensionenverzeichnis zu den voraufgehenden Auflagen.

Für das Gesamtkonzept aller drei Bücher De docta ignorantia kann auf die Einleitung verwiesen werden, die der Herausgeber in dieser Reihe dem dritten Buch voranstellte (Schriften des Nikolaus von Kues in deutscher Übersetzung, Heft 15c, Hamburg 1977).

Köln, im August 1993 — *Hans Gerhard Senger*

VORWORT DES HERAUSGEBERS

Die Schrift „Die belehrte Unwissenheit“ ist das erste philosophische Werk des Nikolaus von Kues und zugleich sein Hauptwerk. So sehr der Denker bis zu seinem Lebensende neuen Anregungen offen blieb und rastlos an der Überprüfung seines Systems arbeitete, die bleibenden Grundgedanken finden sich in erstaunlicher Klarheit und Geschlossenheit bereits in diesem Werk.

Es wurde am 12. Februar 1440 in Kues abgeschlossen[1]. Nach den Anstrengungen des Basler Konzils und der folgenden Verhandlungen mit Byzanz hat Nikolaus einige Zeit der Ruhe in der Heimat zugebracht, bevor die politisch-religiöse Lage in Deutschland von neuem seine ganze Kraft in Anspruch nahm. Er widmet dieses Werk, auf das er sehr viel Mühe verwendet hatte, seinem Gönner und Freund Julian Cesarini. Bereits während der Konzeption der Schrift war eine zweite ergänzende Abhandlung geplant, das zweite philosophische Hauptwerk „Die Mutmaßungen“. Es wurde dann allerdings nicht in der Form ausgeführt, in der es bis zur Niederschrift der Docta ignorantia geplant war[2].

So stark auch die moderne Forschung sich dem Werke des Nikolaus von Kues zugewandt hat, der Reichtum dieser philosophischen Hauptschrift ist noch keineswegs ausgeschöpft. Vor allem fehlt ein ideengeschichtlicher und systematischer Kommentar. Auch die Geschichte seiner Nachwirkung ist nur zum Teil geklärt. Die kritische Edition, die einst E. Hoffmann und R. Klibansky im Rahmen der Heidelberger Ausgabe veröffentlicht hatten (1932), ist infolge Vernichtung der gesamten Bestände des Verlages bei einem Luftangriff auf Leipzig seit zwei Jahrzehnten vergriffen. Der hier gebotene Text ist ohne Benützung der

[1] In einigen Handschriften (T C E V) ist der Vermerk erhalten: Complevi in Cusa 1440 XII Februarii.

[2] Vgl. J. Koch, Die Ars coniecturalis des Nikolaus von Kues, Arbeitsgemeinschaft für Forschung des Landes Nordrhein-Westfalen, Geisteswissenschaften Heft 16, Köln-Opladen 1956, und P. Wilpert, Kontinuum oder Quantensprung bei Nikolaus von Kues, Wissenschaft und Weltbild 16 (1963) S. 102—112.

durch diese Edition gelieferten Vorarbeiten aus den Handschriften neu erarbeitet. Dabei konnten gegenüber der damaligen Kenntnis der handschriftlichen Überlieferung zwei neue gute Textzeugen herangezogen werden. Wenn trotzdem der Text im ersten Buch nur an sechs Stellen von der Editio princeps abweicht, die obendrein für die Interpretation kaum ins Gewicht fallen, so zeugt das für die Güte der Überlieferung.

Sorgfältige Untersuchung der Abhängigkeitsverhältnisse unter den Handschriften, über die an anderer Stelle berichtet werden soll, führte zu dem Ergebnis, daß der Text unter Heranziehung von nur drei Handschriften hergestellt werden kann. Es sind das: Die Handschrift der Stadtbibliothek Nürnberg Cent. II 9. Diese Abschrift ist bereits vor 1448 gefertigt, denn in diesem Jahre wurde der Band durch den berühmten Buchbinder des Dominikanerklosters Nürnberg, Johann Forster, in seine jetzige Form gebunden. Es ist eine fast fehlerfreie Kopie in schöner Buchschrift, wobei leider einige Blätter in jedem der drei Bücher fehlen.

Aus der gleichen (verlorenen) Quelle stammt die Kopie im Eislebener Codex 960, der im Kartäuserkloster auf dem Erlöserberg bei Erfurt entstand. Die Abschrift wurde von Jakob Volradi, einem Mitgliede des Erfurter Konvents, 1466 gefertigt[3]. Die Ähnlichkeit mit dem Text der Nürnberger Handschrift ist so groß, daß man sie für eine direkte Abschrift aus dieser halten würde, wenn sie nicht neben einer Reihe kleinerer Varianten am Ende des dritten Buches zwei Zeilen Text enthielte, die in der Nürnberger Handschrift fehlen (III c. 12 § 258)[4].

Der von diesen beiden Handschriften gebildeten Überlieferungsgruppe steht eine andere Gruppe gegenüber, deren ältester und bester Vertreter der jetzt in der Bayerischen Staatsbibliothek in München aufbewahrte, aus dem

[3] Über beide Hss. vgl. P. Wilpert, Die Entstehung einer Miscellanhandschrift des 15. Jh., in: Mittellateinisches Jahrbuch 1 (1964) S. 34—47.

[4] Genau genommen stammen die Eislebener Abschrift und eine Abschrift im Salzburger Codex der Benediktinerabtei St. Peter (b XI 25) aus einer gemeinsamen Quelle, die ihrerseits auf die gleiche Quelle

Benediktinerkloster Tegernsee stammende Codex lat. 18711 ist. Die Abschrift der Docta ignorantia wurde mit großer Wahrscheinlichkeit im Zusammenhang mit dem Aufenthalt des Nikolaus von Kues in Tegernsee[5] angefertigt.

Die Abschriften in Nürnberg und in Tegernsee verdanken wir also dem persönlichen Kontakt des Verfassers mit interessierten Kreisen[6]. Die Abschrift in Eisleben aber entsteht aus dem Interesse eines wohl etwas jüngeren Zeitgenossen, der von seinem Denken angerührt ist[7]. Eine genaue Vergleichung der erhaltenen Abschriften der Docta ignorantia ergibt, daß sie alle auf eine Handschrift zurückgehen, die nicht das Original gewesen sein kann[8]. Möglicherweise gehen die Abschriften in Nürnberg und Eisleben direkt auf diesen Archetyp zurück. Später, d. h.

wie N zurückgeht. Das Stemma dieser von allen übrigen Handschriften sich abhebenden Gruppe lautet also:

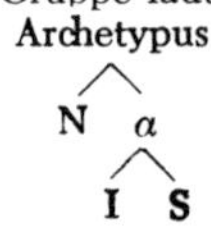

I wird also nur zur Korrektur von N benötigt.

[5] 31. 5.—2. 6. 1452. Vgl. über die Abfassungszeit dieser Handschrift meine Praefatio zu Bd. IV der Heidelberger Edition p. XXVII sqq.

[6] In Nürnberg dürfte es ein Aufenthalt während eines Reichstages gewesen sein, in Tegernsee war es ein Aufenthalt während der großen Legationsreise.

[7] Über die Entstehung von Sammelhandschriften von Werken des Nikolaus von Kues vgl. P. Wilpert, Die handschriftliche Überlieferung des Schrifttums des Nikolaus von Kues, in: Pubblicazioni della Facoltà di Magistero dell'Università di Padova IV, Nicolò da Cusa — Relazioni tenute al Convegno Interuniversitario di Bressanone nel 1960, Firenze 1962, S. 1 ff.

[8] Vgl. die Textüberlieferung bei § 36, 17, wo die gesamte Überlieferung *AD* statt des geforderten *BD* bringt, ferner § 11, 26, wo im Archetyp *quantitas* ausgefallen war. Der Korrektor der Handschrift T, der Prior des Klosters Tegernsee, Bernhard von Waging, hat das bemerkt und schreibt an den Rand *quantitas sive maximitas*, eine Korrektur, die dann in den Abschriften von T (EV) in den Text rückt. Auf Grund ähnlicher Konjekturen erklären sich die Lesarten von Pr *(quantitas)* und J *(maximitas)*. Die den späteren Kopien (einschließlich T) zugrundeliegende Abschrift des Archetyps läßt sich am besten § 50, 18 erkennen, wo I S (N hat hier eine Lücke) das ursprüngliche *ratio* bieten, das in C wohl von Nikolaus selbst wiederhergestellt ist.

zwischen 1447 und 1452 scheint Nikolaus von dieser Handschrift eine Kopie in Auftrag gegeben zu haben, die nun den weiteren Abschriften zugrunde liegt[9].

Obwohl mir nun von verschiedenen Seiten nahegelegt wurde, bei einer neuen Edition, die den Text direkt aus den Quellen erarbeitet, den gesamten Variantenapparat zu bringen, habe ich mich doch zu einer starken Beschränkung entschlossen. Vor allem wollte ich den Charakter einer Editio minor nicht verfälschen; auch ist die überwiegende Mehrzahl der Varianten von der Art, daß sie sich sofort als individuelle Fehler einer Handschrift erkennen lassen. Ich entschloß mich deshalb zu einer Beschränkung auf die Lesarten der erwähnten drei Textzeugen und habe auch hier nur diejenigen gebracht, bei denen sich der Editor versucht fühlen konnte ihnen zu folgen. Nur an wirklich entscheidenden Stellen habe ich die gesamte Textüberlieferung gebracht. Ferner wurden die Abweichungen meiner Textherstellung von der bei Hoffmann-Klibansky gewählten durch die Sigle HK kenntlich gemacht. Nicht vermerkt wurden dagegen Veränderungen in der Interpunktion. So hoffe ich, daß der hier gebotene Text ein einstweiliger Ersatz bis zum Neuerscheinen der Editio maior sein kann.

Eine vollständige deutsche Übersetzung von A. Schmid erschien 1919 in Hellerau, Vom Wissen des Nichtwissens; außerdem sind größere Teile bei F. A. Scharpff, Des Cardinals und Bischofs Nicolaus von Cusa wichtigste Schriften in deutscher Übersetzung, Freiburg 1862 und bei H. Blumenberg, Nikolaus von Cues, Die Kunst der Vermutung, Bremen 1957, übersetzt. Die folgende Übersetzung ist unabhängig von diesen gefertigt, dann aber mit ihnen sowie mit der englischen Übersetzung von Fr. G. Heron, Of Learned

[9] Das gilt auch für die von dem Sekretär des Kardinals, Petrus Erkelenz, gefertigte Sammlung der Opera omnia, die heute die codd. 218 und 219 der Hospitalbibliothek von Kues bilden. Trotz der eigenhändigen Korrekturen des Kardinals ist diese Handschrift für die Textherstellung von geringem Wert. Über die Art seiner Durchsicht vgl. meine Bemerkungen in Bd. IV der Heidelberger Edition p. XIII.

Ignorance, London 1954, und mit der italienischen von Paolo Rotta, Della dotta ignoranza, Milano 1927, verglichen[10]. Sie folgt den Grundsätzen, die ich in der Einleitung zu meiner Übersetzung der „Jagd nach Weisheit" dargelegt habe. Ebenso wie dort werden in den Anmerkungen zur deutschen Übersetzung die Quellen nachgewiesen, die der Verfasser selbst zitiert. Die fortschreitende Quellenforschung belehrt uns immer wieder, daß es ein verhältnismäßig enger Kreis von unmittelbaren Quellen ist, aus denen Nikolaus sein Wissen schöpft. Da wir in der weiteren Entfaltung seines Schrifttums seine jeweiligen Lesefrüchte ziemlich klar erkennen können, wäre es von besonderem Reiz, die Einflüsse zu kennen, die bereits vor der Abfassung der Docta ignorantia vorlagen. Durch die Forschung von Haubst, Wackerzapp und Colomer wissen wir, daß neben seinem Kölner Lehrer Heimeric van den Velde Werke Meister Eckharts und Raymund Lulls sein Interesse erweckt hatten. Es läßt sich auch zeigen, daß Nikolaus bereits Ps.-Dionysius Areopagita, und zwar in der erst 1436 gefertigten Übersetzung des Ambrosius Traversari kannte. Ferner kannte er einen oder mehrere Kommentare zu des Boethius Schrift De trinitate, deren Verfasser der Schule von Chartres angehören. Auch der zeitgenössische Nominalismus ist spürbar. Ich habe versucht, in den Anmerkungen zum deutschen Text unsere heutige Kenntnis über die Quellenfrage wiederzugeben und hoffe, darüber in Bälde Genaueres sagen zu können. Eine Edition ist auf die Quellenfor-

[10] Eine französische Übersetzung bietet L. Moulinier, De la Docte Ignorance, Paris 1930, eine Teilübersetzung M. de Gandillac, Oeuvres Choisies de Nicolas de Cues, Paris 1942 und G. Bufo, Nicolas de Cues ou la Métaphysique de la Finitude. Présentation Choix de Textes, Paris 1964. Eine spanische Übersetzung veröffentlichte D. Nañez, De docta ignorantia. Buenos Aires 1948; ferner M. Fuentes Benot, De docta ignorantia, Buenos Aires ^{3}1966 (Bibl. de Iniciacion Filosófica nr. 53). Auszüge in englischer Übersetzung bei J. P. Dolan, Unity and Reform. Selected Writings of Nicholas de Cusa, University of Notre Dame Press 1962. Eine japanische Übersetzung verfaßte S. Oide, Chi aru muchi (De docta ignorantia), Tokio 1966. Eine vollständige deutsche Übersetzung ist enthalten in „Nikolaus von Kues, Philosophisch-theologische Schriften" hrsg. von L. Gabriel, übers. und kommentiert von D. und W. Dupré, Band I, Wien 1964. (H. G. Senger)

schung angewiesen und dient ihr. So halte ich es nicht für gerechtfertigt, die Herausgabe von der endgültigen Klärung der Quellenfrage abhängig zu machen, und betrachte meine Angaben nur als eine Hilfe für weitere Forschung.

Zum Schluß gedenke ich gerne und mit Dankbarkeit meiner Mitarbeiter im Thomas-Institut und dem Philosophischen Seminar der Universität Köln. Das Werk ist im besten Sinne nicht meins, sondern das meiner Mitarbeiter. Für manche andere möchte ich nennen Herrn Dr. Bormann, Herrn Senger, Frl. Dr. Wirth.

Paul Wilpert

NIKOLAUS VON KUES

De docta ignorantia

Die belehrte Unwissenheit

Liber primus – Buch I

De docta ignorantia[1] 1

Deo amabili reverendissimo patri domino Iuliano sanctae Apostolicae Sedis dignissimo cardinali, praeceptori suo metuendo[2]

Admirabitur et recte maximum tuum et iam probatissimum ingenium, quid sibi hoc velit quod, dum meas barbaras ineptias incautius pandere attempto, te arbitrum eligo, quasi tibi pro tuo cardinalatus officio apud Apostolicam Sedem in publicis maximis negotiis occupatissimo aliquid otii supersit et post omnium Latinorum scriptorum, qui hactenus claruerunt, supremam notitiam et nunc Graecorum etiam ad meum istum fortassis ineptissimum conceptum tituli novitate trahi possis, qui tibi, qualis ingenio sim, iam dudum notissimus exsisto. Sed haec admiratio, non quod prius incognitum hic insertum putes, sed potius qua audacia ad de docta ignorantia tractandum ductus sim, animum tuum sciendi peravidum, spero, visendum alliciet. Ferunt enim naturales appetitum quandam tristem sensationem in stomachi orificio anteire, ut sic natura, quae se ipsam conservare nititur, stimulata reficiatur. Ita recte puto admirari, propter quod philosophari, sciendi desiderium

[1] *om. T*
[2] Tractatus de docta ignorancia Nicolai de Cusa ad dominum Iulianum cardinalem. Prologus *N I*

Dem gottgeliebten hochwürdigsten Vater und Herrn Julian, dem erlauchten Kardinal des Heiligen Apostolischen Stuhles, seinem verehrten Lehrer

Mit Recht magst Du, der schon oft seine hohen Geistesgaben unter Beweis gestellt hat, Dich wundern, warum ich beim allzu kühnen Versuch, meine laienhaften Stümpereien darzulegen, gerade Dein Urteil anrufe. Das erweckt den Anschein, als ob Du, den angesichts seiner Stellung als Kardinal beim Apostolischen Stuhl hochwichtige öffentliche Aufgaben voll in Anspruch nehmen, überhaupt dafür Zeit erübrigen könntest, und erhebt den Anspruch, daß Dich trotz Deiner profunden Kenntnis der gesamten uns überlieferten lateinischen Literatur, zu der Du jüngst noch die Vertrautheit mit der griechischen gefügt hast, der ungewöhnliche Titel meines Werkes zu einer Beschäftigung mit meinen vielleicht völlig abwegigen Gedanken veranlassen könnte, obwohl Dir die bescheidenen Grenzen meines Geistes längst völlig bekannt sind. Aber ich wage zu hoffen, daß Dich bei Deiner Wißbegierde gerade das Erstaunen über diese Tatsache veranlassen wird, zu diesem Buche zu greifen, nicht als ob Du darin etwas bisher Unbekanntes vermutetest, sondern um den Grund ausfindig zu machen, der mich so kühn sein ließ, von der belehrten Unwissenheit zu handeln.

Nach Meinung der Naturwissenschaft geht dem Verlangen eine Art beklemmenden Gefühls im Mageneingang voraus, eine Einrichtung, durch die die Natur um der Selbsterhaltung willen sich selbst zur Erneuerung antreibt. Es scheint mir daher sinnvoll, daß das Staunen, das zum

praevenire, ut intellectus, cuius intelligere est esse, studio veritatis perficiatur. Rara quidem, et si monstra sint, nos movere solent. Quam ob rem, praeceptorum unice, pro tua humanitate aliquid[3] digni hic latitare existimes, et ex Germano in rebus divinis talem qualem ratiocinandi modum suscipe, quem mihi labor ingens admodum gratissimum fecit.

[3] aliquod *T*

Philosophieren hinführt, dem Drang nach Wissen vorangeht, damit der Geist, dessen Sein im Erkennen liegt, sich im Studium der Wahrheit vollende. Das Ungewöhnliche lenkt unsere Aufmerksamkeit auf sich, auch wenn es sich in der Form von Abnormitäten zeigt. Deshalb magst auch Du, Du Lehrer ohnegleichen, in Deiner Güte hier etwas Deiner Aufmerksamkeit Würdiges vermuten. Laß es Dir gefallen, daß ein Deutscher Dir eine Denkmethode, wie auch immer Du sie beurteilen magst, in theologischen Dingen vorführt, die unermüdliche Arbeit mir zu einer echten Herzenssache werden ließ.

Doctae ignorantiae liber primus

Capitulum I 2

Quomodo scire est ignorare

Divino munere omnibus in rebus naturale quoddam desiderium inesse conspicimus, ut sint meliori quidem modo, quo hoc cuiusque naturae patitur condicio, atque ad hunc finem operari instrumentaque habere opportuna, quibus iudicium cognatum est conveniens proposito cognoscendi, ne sit frustra appetitus et in amato pondere propriae naturae quietem attingere possit. Quod si fortassis secus contingat, hoc ex accidenti evenire necesse est, ut dum infirmitas gustum aut opinio rationem seducit. Quam ob rem sanum liberum[1] intellectum verum, quod insatiabiliter indito discursu cuncta perlustrando attingere cupit, apprehensum amoroso amplexu cognoscere dicimus non dubitantes verissimum illud esse, cui omnis sana mens nequit dissentire. Omnes autem investigantes in comparatione praesuppositi certi proportionabiliter incertum iudicant. Comparativa igitur est omnis inquisitio medio proportionis utens. Et dum haec quae inquiruntur propinqua proportionali reductione praesupposito possunt comparari, facile est apprehensionis iudicium. Dum multis mediis opus habemus, difficultas et labor exoritur, uti haec in mathematicis nota sunt, ubi ad prima notissima principia priores propositiones facilius reducuntur et posteriores, quoniam non nisi per medium priorum, difficilius.

Omnis igitur inquisitio in comparativa proportione facili 3
vel difficili exsistit. Propter quod infinitum ut infinitum,

[1] arbitrium *add. I*

Die belehrte Unwissenheit - Buch I

2 Kapitel 1

Das Wissen als Nichtwissen

Gott hat, wie wir uns überzeugen können, allen Wesen eine natürliche Sehnsucht nach der gemäß den Bedingungen ihrer Natur vollkommensten Daseinsweise eingegeben. Darauf ist ihr Tun gerichtet. Sie haben die dazu geeigneten Werkzeuge. Ein ihrem Lebenszweck entsprechendes Erkenntnisvermögen ist ihnen angeboren, auf daß ihr Bemühen nicht ins Leere gehe und in der erstrebten Vollendung der ihnen eigenen Natur zur Ruhe kommen könne. Ein gelegentlicher Mißerfolg ist dem Zufall zuzuschreiben, wenn zum Beispiel eine Erkrankung den Geschmack oder eine vorgefaßte Meinung das Denken irreleitet.

Ein gesunder freier Geist erkennt, so meinen wir, in liebendem Umfangen die erfaßte Wahrheit, um derentwillen sein natürliches Lebensgesetz ihn unermüdlich alles durchforschen läßt. Für die gesichertste Wahrheit aber dürfen wir ohne Zweifel diejenige halten, der kein Mensch zu widersprechen vermag, dessen Geist gesund ist. Über eine noch nicht gesicherte Erkenntnis urteilt jede Forschung dadurch, daß sie diese hinsichtlich ihres proportionalen Verhältnisses zu einer vorausgesetzten Gewißheit in vergleichenden Bezug bringt. Alles Forschen geschieht also durch Vergleichen. Es bedient sich des Mittels der Verhältnisbestimmung. Ist nun der Bezug des Untersuchungsgegenstandes, der diesen auf die Voraussetzungen zurückführt, naheliegend, so ist das Urteil über das Gewonnene leicht. Sind dagegen viele Zwischenglieder notwendig, so kostet es schwierige Arbeit. Bekannt ist diese Tatsache in der Mathematik. Die ersten Sätze lassen sich ziemlich leicht aus den ersten evidenten Prinzipien ableiten. Bei den späteren wird es schon schwieriger, da man sich der Vermittlung dieser früher abgeleiteten Sätze bedienen muß.

3 Alle Forschung besteht also im Setzen von Beziehungen und Vergleichen, mag dies einmal leichter, ein andermal

cum omnem proportionem aufugiat, ignotum est. Proportio vero cum convenientiam in aliquo uno simul et alteritatem dicat, absque numero intelligi nequit. Numerus ergo omnia proportionabilia includit. Non est igitur numerus in quantitate tantum qui proportionem efficit sed in omnibus, quae quovis modo substantialiter aut accidentaliter convenire possunt ac differre. Hinc forte omnia Pythagoras per numerorum vim constitui et intelligi iudicabat.

Praecisio vero combinationum in rebus corporalibus ac 4
adaptatio congrua noti ad ignotum humanam rationem supergreditur, adeo ut Socrati visum sit se nihil scire, nisi quod ignoraret, sapientissimo Salomone asserente «cunctas res difficiles» et sermone inexplicabiles, et alius quidam[2] divini spiritus vir ait absconditam esse sapientiam et locum intelligentiae «ab oculis omnium viventium». Si igitur hoc ita est, ut etiam profundissimus Aristoteles in prima philosophia affirmat in natura manifestissimis talem nobis difficultatem accidere ut nocticoraci solem videre attemptanti, profecto cum appetitus in nobis frustra non sit, desideramus scire nos ignorare. Hoc si ad plenum assequi poterimus, doctam ignorantiam assequemur. Nihil enim homini etiam studiosissimo in doctrina perfectius adveniet quam in ipsa ignorantia, quae sibi propria est, doctissimus[3] reperiri. Et tanto quis doctior erit, quanto se sciverit magis ignorantem. In quem finem de ipsa docta ignorantia pauca quaedam scribendi labores assumpsi.

[2] quidem *N T*
[3] doctissimum *N I S Pr HK (Nicolaus saepissime nom. c. inf. utitur.)*

schwerer sein. Das Unendliche als Unendliches ist deshalb unerkennbar, da es sich aller Vergleichbarkeit entzieht. Jede proportionale Beziehung bedeutet Übereinstimmung in einem Punkt und zugleich Verschiedenheit. Sie läßt sich deshalb ohne Zahlenverhältnis nicht denken. Die Zahl umschließt also alles, was zueinander in proportionale Beziehung gebracht werden kann. Nicht nur bei der Quantität findet sich also die Zahl, von der das proportionale Verhältnis ja abhängt, sondern sie findet sich ebenso bei allem, das in der Substanz oder in den akzidentellen Bestimmungen irgendwie in Übereinstimmung stehen und sich unterscheiden kann. Das war wohl der Grund, der Pythagoras veranlaßte, in der Kraft der Zahlen das Konstitutions- und Erkenntnisprinzip von allem zu sehen .

4 Bei körperlichen Dingen überschreitet volle Genauigkeit der Verbindungen und eine Angleichung des Bekannten an Unbekanntes, die zur Deckung führen würde, die Fähigkeit der menschlichen Vernunft in solchem Maße, daß Sokrates zur Einsicht kam , er wisse nur, daß er nichts wisse, während der weise Salomon versichert , „alle Dinge seien schwierig“ und entzögen sich dem sprachlichen Ausdruck. Ein anderer gottbegnadeter Denker sagt , verborgen sei die Weisheit und der Ort der Erkenntnis „vor den Augen aller Lebenden“. Auch der stets in die Tiefe dringende Aristoteles versichert in der Ersten Philosophie , bei den an sich evidenten Dingen stünden wir vor einer ähnlichen Schwierigkeit wie die Nachteule, wenn sie in die Sonne schauen wollte. Da nun überdies unser Verlangen nach Wissen nicht sinnlos ist, so wünschen wir uns unter den angegebenen Umständen ein Wissen um unser Nichtwissen. Gelingt uns die vollständige Erfüllung dieser Absicht, so haben wir die belehrte Unwissenheit erreicht. Auch der Lernbegierigste wird in der Wissenschaft nichts Vollkommeneres erreichen, als im Nichtwissen, das ihm seinsgemäß ist, für belehrt befunden zu werden. Es wird einer umso gelehrter sein, je mehr er um sein Nichtwissen weiß. In dieser Absicht habe ich mich der Mühe unterzogen, einiges über diese belehrte Unwissenheit niederzuschreiben.

Capitulum II 5

Elucidatio praeambularis subsequentium

Tractaturus de maxima ignorantiae doctrina ipsius maximitatis naturam aggredi necesse habeo. Maximum autem hoc dico, quo nihil maius esse potest. Abundantia vero uni convenit. Coincidit itaque maximitati unitas, quae est et entitas, quod, si ipsa talis unitas ab omni respectu et contractione universaliter est absoluta, nihil sibi opponi manifestum est, cum sit maximitas absoluta. Maximum itaque absolutum unum est quod est omnia; in quo omnia, quia maximum. Et quoniam nihil sibi opponitur, secum simul coincidit minimum. Quare et in omnibus. Et quia absolutum, tunc est actu omne possibile esse, nihil a rebus contrahens, a quo omnia. Hoc maximum, quod et deus omnium nationum fide indubie creditur, primo libello supra humanam rationem incomprehensibiliter inquirere eo duce, «qui solus lucem inhabitat inaccessibilem», laborabo.

Secundo loco, sicut absoluta maximitas est entitas ab- 6
soluta, per quam omnia id sunt quod sunt, ita et universalis unitas essendi ab illa, quae maximum dicitur ab absoluto, et hinc contracte exsistens uti universum. Cuius quidem unitas in pluralitate contracta est, sine qua esse nequit. Quod quidem maximum, etsi in sua universali unitate omnia complectatur, ut omnia, quae sunt ab absoluto, sint in eo et ipsum in omnibus, non tamen habet extra pluralitatem in qua est subsistentiam, cum sine contractione, a

5 Kapitel 2

Einleitende Übersicht über das Folgende

Um von der großartigen Lehre des Nichtwissens zu handeln, muß ich notwendigerweise vorerst die Natur der Größe selbst betrachten. Unter dem Größten aber verstehe ich das, dem gegenüber es nichts Größeres geben kann. Die Fülle jedoch ist ein Wesensmerkmal des Einen. Es fällt also die Einheit, die auch die Seiendheit ist, mit dem Größten zusammen. Da nun diese so beschaffene Einheit an sich vollkommen frei ist von jedem Bezug und von jeder Begrenzung, so leuchtet ein, daß sich ihr nichts gegenüberstellen läßt, da sie ja die absolute Größe ist. Und so ist das Größte das absolut Eine, welches alles ist. In ihm ist alles, da es das Größte ist, und weil sich ihm nichts gegenüberstellen läßt, so fällt mit ihm zugleich auch das Kleinste zusammen. Deshalb ist es auch in allem. Und weil es das Absolute ist, darum ist es alles mögliche Sein in Wirklichkeit. Es kontrahiert keine Seinsbestimmung, da alles Sein von ihm kommt. Im ersten Buch wird mein Bemühen darauf gerichtet sein, dieses Größte, an das alle Völker in unerschütterlichem Glauben als an Gott glauben, in einer es nicht fassenden Weise zu erfragen, die alles Denken des menschlichen Verstandes übersteigt. Dabei weiß ich mich unter der Führung dessen, „der allein im unzugänglichen Lichte wohnt“ .

6 Zweitens: Wie die absolute Größe die absolute Seiendheit ist, durch die ein jegliches das ist, was es ist, so stammt von ihr auch die universale Einheit des Seins. Neben dem Absoluten erhält auch sie die Bezeichnung des Größten und hat als Universum eingeschränktes Sein. Ihre Einheit ist in Vielheit eingeschränkt, welche die Bedingung ihres Seins ist. Obschon dieses Größte in seiner universalen Einheit alles umgreift, so daß alles, was dem Absoluten sein Sein verdankt, in ihm ist, und es in allem, so besitzt es doch neben der Vielheit, in der es besteht, keine eigene Subsistenz. Sein Sein ist ohne die Einschränkung, die unlösbar mit ihm ge-

qua absolvi nequit, non exsistat. De hoc maximo, universo scilicet, in secundo libello pauca quaedam adiciam.

Tertio loco maximum tertiae considerationis subsequenter 7
manifestabitur. Nam cum universum non habeat nisi contracte subsistentiam in pluralitate, in ipsis pluribus inquiremus unum maximum, in quo universum maxime et perfectissime subsistit actu ut in fine. Et quoniam tale cum absoluto, quod est terminus universalis, unitur, quia finis perfectissimus supra omnem capacitatem nostram, de illo maximo, quod simul est contractum et absolutum, quod Iesum semper benedictum nominamus, nonnulla, prout et ipse Iesus inspiraverit, subiciam.

Oportet autem attingere sensum volentem potius supra 8
verborum vim intellectum efferre quam proprietatibus vocabulorum[1] insistere, quae tantis intellectualibus mysteriis proprie adaptari non possunt. Exemplaribus etiam manuductionibus necesse est transcendenter uti linquendo sensibilia, ut ad intellectualitatem simplicem expedite lector ascendat. Ad quam viam quaerendam studui communibus ingeniis, quanto clarius potui, aperire omnem stili scabrositatem evitando radicem doctae ignorantiae in inapprehensibili veritatis praecisione statim manifestans.

Capitulum III 9

Quod praecisa veritas sit incomprehensibilis

Quoniam ex se manifestum est infiniti ad finitum proportionem non esse, est et ex hoc clarissimum quod, ubi est reperire excedens et excessum, non deveniri ad maximum simpliciter, cum excedentia et excessa finita sint. Maximum

[1] verborum *I*

geben ist, nicht möglich. Über dieses Größte, das heißt über das Universum, möchte ich im zweiten Buch einige Bemerkungen nachtragen.

7 Drittens: In der Folge aber wird sich ein Größtes in einer dritten Überlegung offenbaren. Das Universum hat ja nur in Vielheit in eingeschränkter Weise Subsistenz, weshalb wir in den vielen Dingen selbst nach dem Einen, Größten forschen werden, in dem das Universum als in seinem Ziel in höchster und in vollendeter Weise aktuell subsistiert. Und da ein solches eins ist mit dem Absoluten, welches allumfassendes Ziel ist, als vollendeter Endzweck über alle unsere Fassungskraft hinaus, so will ich über jenes Größte, das eingeschränkt und zugleich absolut ist, und das wir Jesus, den stets Gebenedeiten, nennen, einiges anführen, wie es mir Jesus selbst eingibt.

8 Wer aber den Sinn erfassen will, der muß, statt auf den Literalsinn zu achten, seinen Geist über die Wortbedeutung erheben. Denn die Worte lassen sich nur schwer solchen geistigen Geheimnissen anpassen. Auch die Beispiele wollen nur als Anleitungen verstanden sein, deren richtige Anwendung im Übersteigen liegt, das die Anschaulichkeit hinter sich läßt und den Leser freimacht zum Aufstieg zur einfachen geistigen Schau. Zur Auffindung dieses Weges war ich bemüht, durchschnittlichen Geistern einen möglichst klaren Zugang zu eröffnen, indem ich alle Gesuchtheit des Stiles vermied, um so direkt die Wurzel der belehrten Unwissenheit in der unerfaßlichen Genauigkeit der Wahrheit offenbar werden zu lassen.

9

Kapitel 3

Die volle Wahrheit ist unergründbar

Die Disproportionalität des Unendlichen gegenüber dem Endlichen ist evident. Mit einleuchtender Klarheit folgt daraus, daß man zum schlechthin Größten nicht zu gelangen vermag, wo immer es ein Überschreitendes und ein Überschrittenes gibt, da sowohl das Überschreitende wie das Überschrittene endliche Größen sind. Ein derart Größtes

vero tale necessario est infinitum. Dato igitur quocumque, quod non sit ipsum maximum simpliciter, dabile maius esse manifestum est. Et quoniam aequalitatem reperimus gradualem, ut unum aequalius uni sit quam alteri secundum convenientiam et differentiam genericam, specificam, localem, influentialem et temporalem cum similibus, patet non posse aut duo aut plura adeo similia et aequalia reperiri, quin adhuc in infinitum similiora esse possint. Hinc mensura et mensuratum quantumcumque aequalia semper differentia remanebunt.

Non potest igitur finitus intellectus rerum veritatem per similitudinem praecise attingere. Veritas enim non est nec plus nec minus in quodam indivisibili consistens, quam omne non ipsum verum exsistens praecise mensurare non potest, sicut nec circulum, cuius esse in quodam indivisibili consistit, non-circulus. Intellectus igitur qui non est veritas numquam veritatem adeo praecise comprehendit, quin per infinitum praecisius comprehendi possit, habens se ad veritatem sicut polygonia ad circulum, quae quanto inscripta plurium angulorum fuerit, tanto similior circulo, numquam tamen efficitur aequalis, etiam si angulos in infinitum multiplicaverit, nisi in identitatem cum circulo se resolvat.

Patet igitur de vero nos non aliud scire quam quod ipsum praecise uti est scimus incomprehensibile veritate se habente ut absolutissima necessitate, quae nec plus aut minus esse potest quam est, et nostro intellectu ut possibilitate. Quiditas ergo rerum, quae est entium veritas, in sua puritate inattingibilis est et per omnes philosophos investigata, sed per neminem uti est reperta. Et quanto in hac ignorantia profundius docti fuerimus, tanto magis ipsam accedimus veritatem.

aber muß unendlich sein. Ist etwas gegeben, das selbst nicht das schlechthin Größte ist, so ist offensichtlich ein Größeres möglich. Wir finden ferner Gleichheit in gradweiser Näherung; etwas ist dem einen mehr gleich als dem anderen, gemäß der Übereinstimmung und Verschiedenheit von Gattung, Art, räumlicher Anordnung, Wirkfähigkeit, zeitlicher Ordnung mit ähnlichen Dingen. Aus all diesem ergibt sich, daß sich nicht zwei oder mehr so ähnliche und gleiche Dinge finden, daß sich ihre Ähnlichkeit nicht ins Unendliche steigern ließe. Deshalb wird Maß und Gemessenes trotz aller Angleichung immer verschieden bleiben.

10 Mit Hilfe der Ähnlichkeitsbeziehung kann folglich ein endlicher Geist die Wahrheit der Dinge nicht genau erreichen. Die Wahrheit ist nämlich kein Mehr und kein Weniger. Sie besteht in einem Unteilbaren. Alles, was nicht das Wahre selbst ist, vermag sie nicht mit Genauigkeit zu messen, so wie den Kreis, der in einer gewissen Unteilbarkeit besteht, keine nichtkreisförmige Figur zu messen vermag. Der Geist also, der nicht die Wahrheit ist, erfaßt die Wahrheit niemals so genau, daß sie nicht ins Unendliche immer genauer erfaßt werden könnte. Er verhält sich zur Wahrheit wie das Vieleck zum Kreis. Je mehr man die Zahl der Ecken in einem eingeschriebenen Vieleck vermehrt, desto mehr gleicht es sich dem Kreise an, ohne ihm je gleich zu werden, wollte man auch die Vermehrung der Eckenzahl ins Unendliche fortführen. Das Vieleck müßte sich dazu schon umbilden zur Identität mit dem Kreis.

Es ist also deutlich, daß wir über das Wahre nichts anderes wissen, als daß wir es in seiner Genauigkeit, so wie es ist, als unbegreiflich wissen. Die Wahrheit hat dabei die Bedeutung der absoluten Notwendigkeit, die nicht mehr oder weniger sein kann, als sie ist, unser Geist dagegen die Bedeutung der Möglichkeit. Die Wesenheit der Gegenstände, welche die Wahrheit der seienden Dinge ist, ist also in ihrer Reinheit unerreichbar. Sie wurde von allen Philosophen gesucht, aber von keinem wirklich gefunden. Je gründlicher wir in dieser Unwissenheit belehrt sind, desto näher kommen wir an die Wahrheit selbst heran.

Capitulum IV 11

Maximum absolutum incomprehensibiliter intelligitur, cum quo minimum coincidit

Maximum, quo maius esse nequit, simpliciter et absolute cum maius sit, quam comprehendi per nos possit, quia est veritas infinita, non aliter quam incomprehensibiliter attingimus. Nam cum non sit de natura eorum, quae excedens admittunt et excessum, super omne id est, quod per nos concipi potest. Omnia enim, quaecumque sensu, ratione aut intellectu apprehenduntur, intra se et ad invicem taliter differunt, quod nulla est aequalitas praecisa inter illa. Excedit igitur maxima aequalitas, quae a nullo est alia aut diversa, omnem intellectum. Quare maximum absolute cum sit omne id quod esse potest, est penitus in actu. Et sicut non potest esse maius, eadem ratione nec minus, cum sit omne id quod esse potest. Minimum autem est, quo minus esse non potest. Et quoniam maximum est huiusmodi, manifestum est minimum maximo coincidere.

Et hoc tibi clarius fit, si ad quantitatem maximum et minimum contrahis. Maxima enim quantitas est maxime magna. Minima quantitas est maxime parva. Absolve igitur a quantitate maximum et minimum subtrahendo intellectualiter magnum et parvum, et clare conspicis maximum et minimum coincidere. Ita enim maximum est superlativus sicut minimum superlativus. Igitur absoluta ‹quantitas›[1] non est magis maxima quam minima, quoniam in ipsa minimum est maximum coincidenter.

[1] ‹quantitas›: quantitas absoluta *Pr* absoluta maximitas *J om. ceteri* quantitas scilicet maximitas *add. in marg.* T^2 *(hincinde in textu EV)* absoluta quantitas *HK*

11 Kapitel 4

Nichtergreifendes Erkennen des absolut Größten, mit welchem das Kleinste zusammenfällt

Da das schlechthin und absolut Größte, dem gegenüber es kein Größeres geben kann, zu groß ist, als daß es von uns begriffen werden könnte — ist es doch die unendliche Wahrheit —, so erreichen wir es nur in der Weise des Nichtergreifens. Da es nämlich nicht zu den Dingen gehört, die ein Mehr oder Weniger zulassen, steht es über allem, was durch uns begriffen werden kann. Alles nämlich, was die Sinne, der Verstand oder die Vernunft erfassen, hat in sich und im Vergleich zu anderem Unterschiede von der Art, daß es keine genaue Gleichheit unter diesen Gegenständen gibt. Die größte Gleichheit, die gegenüber keinem eine andere und verschiedene ist, übersteigt alles Begreifen. Infolgedessen ist das absolut Größte ganz und gar aktuell, da es all das ist, was es sein kann. Wie es nicht größer sein kann, so kann es aus demselben Grunde nicht kleiner sein, ist es doch alles, was es sein kann. Das Kleinste aber ist das, dem gegenüber ein Kleineres nicht möglich ist. Da nun das Größte von der oben geschilderten Art ist, so ist einsichtig, daß das Kleinste mit dem Größten zusammenfällt.

Dieser Sachverhalt wird noch deutlicher, wenn man das Größte und das Kleinste zur Quantität kontrahiert. Die größte Quantität ist ja doch die in ihrer Größe nicht übertreffbare Quantität, die kleinste Quantität die in ihrer Kleinheit nicht übertreffbare. Nun löse von der Quantität das Merkmal des Größten und des Kleinsten ab, indem du im Geiste die Eigenschaft des Großen und des Kleinen abhebst, dann siehst du deutlich, daß das Größte und das Kleinste zusammenfallen. Das Größte ist ja ebenso ein Superlativ, wie das Kleinste ein Superlativ ist. Die absolute Quantität ist folglich nicht in stärkerem Grad die größte Quantität als sie die kleinste ist, da in ihr das Kleinste koinzidierend das Größte ist.

Oppositiones igitur his tantum, quae excedens admittunt 12
et excessum, et his differenter conveniunt, maximo absolute nequaquam, quoniam supra omnem oppositionem est. Quia igitur maximum absolute est omnia absolute actu quae esse possunt taliter absque quacumque oppositione, ut in maximo minimum coincidat, tunc super omnem affirmationem est pariter et negationem. Et omne id quod concipitur esse non magis est quam non est. Et omne id quod concipitur non esse non magis non est quam est. Sed ita est hoc quod est omnia et ita omnia quod est nullum. Et ita maxime hoc quod est minime ipsum. Non enim aliud est dicere: ‚deus, qui est ipsa maximitas absoluta, est lux‘, quam ‚ita deus est maxime lux, quod est minime lux‘. Aliter enim non esset maximitas absoluta omnia possibilia actu, si non foret infinita et terminus omnium et per nullum omnium terminabilis, prout in sequentibus ipsius dei pietate explanabimus.

Hoc autem omnem nostrum intellectum transcendit, qui[2] nequit contradictoria in suo principio combinare via rationis, quoniam per ea, quae nobis a natura manifesta fiunt, ambulamus, quae longe ab hac infinita virtute cadens ipsa contradictoria per infinitum distantia conectere simul nequit. Supra omnem igitur rationis discursum incomprehensibiliter absolutam maximitatem videmus infinitam esse, cui nihil opponitur, cum qua minimum coincidit. Maximum autem et minimum, ut in hoc libello sumuntur, transcendentes absolutae[3] significationis termini exsistunt, ut supra omnem contractionem ad quantitatem molis aut virtutis in sua simplicitate absoluta omnia complectantur.

[2] quoniam *I*   [3] absolute *HK*

12 Gegensätzliche Bestimmungen kommen darum nur den Gegenständen zu, die ein Mehr oder Weniger zulassen, und zwar zeigen sie sich hier in verschiedener Weise. Dem absolut Größten kommen sie in keiner Weise zu, da es über allen Gegensätzen steht. Weil also nun das absolut Größte in absoluter Aktualität alles ist, was sein kann, und zwar derart frei von irgendeiner Art des Gegensatzes, daß im Größten das Kleinste koinzidiert, darum ist das absolut Größte gleicherweise erhaben über alle bejahende und verneinende Aussage. All das, was als sein Sein begriffen wird, ist es ebensosehr wie es dieses nicht ist, und all das, was als Nichtsein an ihm begriffen wird, ist es ebensosehr nicht, wie es dieses ist. Vielmehr ist es dieses in der Weise, daß es alles ist, und es ist in der Weise alles, daß es keines ist. Es ist so sehr in höchstem Maße dieses, daß es in geringstem Maße eben dieses ist. So macht es keinen Unterschied, ob man sagt: ‚Gott, der die absolute Größe selbst ist, ist Licht', oder ob man sagt: ‚Gott ist so in höchstem Maße Licht, daß er in geringstem Maße Licht ist', sonst wäre die absolute Größe nicht aktuell alles der Möglichkeit nach Seiende, wäre diese Größe nicht unendlich, Grenze von allem und durch keines von allen Dingen eingrenzbar, wie wir es im folgenden mit eben dieses Gottes gnädiger Hilfe darstellen wollen.

Doch dieser Sachverhalt übersteigt all unser Denken, das auf dem Wege des Verstandes das Widersprechende nicht in seinem Ursprung zu verbinden vermag. Schreiten wir doch voran mit Hilfe dessen, was uns unserer Natur gemäß offenliegt. Weit unter jener unendlichen Kraft stehend, vermag unser Verstand die Gegensätze mit ihrem unendlichen Abstand nicht in einer Einheit zu verbinden. Über allem diskursiven Vermögen des Verstandes schauen wir demnach in einer nicht ergreifenden Weise die Unendlichkeit der absoluten Größe, die keinen Gegensatz kennt und mit der das Kleinste koinzidiert. Die Begriffe des Größten und Kleinsten aber, wie sie in diesem Buche verwendet werden, sind transzendente in absoluter Bedeutung. Sie wollen in ihrer absoluten Einfachheit alles umfassen oberhalb jeder Kontraktion zur Quantität der Masse oder der Kraft.

Capitulum V 13

Maximum est unum

Ex his clarissime constat maximum absolute incomprehensibiliter intelligibile pariter et innominabiliter nominabile esse, uti de hoc manifestiorem doctrinam inferius pandemus.

Nihil est nominabile, quo non possit maius aut minus dari, cum nomina his attributa sint rationis motu, quae quadam proportione excedens admittunt aut excessum. Et quoniam omnia sunt eo meliori modo quo esse possunt, tunc sine numero pluralitas entium esse nequit. Sublato enim numero cessant rerum discretio, ordo, proportio, harmonia atque ipsa entium pluralitas. Quod si numerus ipse esset infinitus — quoniam tunc maximus actu, cum quo coincideret minimum —, pariter cessarent omnia praemissa. In idem enim redit numerum infinitum esse et minime esse. Si igitur ascendendo in numeris devenitur actu ad maximum, quoniam finitus est numerus, non devenitur tamen ad maximum, quo maior esse non possit, quoniam hic foret infinitus. Quare manifestum est ascensum numeri esse finitum actu et illum in potentia fore ad alium.

Et si in descensu pariter se numerus haberet, ut dato quocumque parvo numero actu quod tunc per subtractionem semper dabilis esset minor sicut in ascensu per additionem maior, adhuc idem, quoniam nulla rerum discretio foret, neque ordo neque pluralitas neque excedens

13 Kapitel 5

Das Größte ist Eines

Nach dem Gesagten steht in aller Klarheit fest, daß das absolut Größte nur in nichtergreifender Weise erkennbar und ebenso nur in nichtbenennender Weise benennbar ist. Über diesen Sachverhalt wollen wir später noch eine faßlichere Darstellung geben.

Es läßt sich nichts benennen, wo sich nicht ein Mehr oder Weniger ansetzen läßt. Die Benennungen sind ja doch durch eine Verstandesbewegung den Gegenständen zuerteilt, die im Sinne einer gewissen Proportion ein Mehr oder Weniger zulassen. Und da alles in der besten Weise ist, in der es sein kann, so vermag ohne Zahl eine Vielheit des Seienden nicht zu bestehen. Hebt man nämlich die Zahl auf, so verschwindet die Unterscheidung, die Ordnung, die Proportion, die Harmonie der Dinge und damit die Vielheit des Seienden selbst. Gäbe es die unendliche Zahl — sie wäre dann die aktuell größte, mit der das Kleinste zusammenfallen würde —, so würden gleicherweise alle die eben angeführten Gegebenheiten aufhören. Unendlichkeit der Zahl und das Nichtsein von Zahl kommt ja auf das gleiche hinaus. Wenn man also bei den Zahlen im Aufstieg tatsächlich zu einer größten Zahl kommt, da ja die Zahl endlich ist, so gelangt man doch nicht zur größten schlechthin, gegenüber der es eine noch größere nicht geben kann, denn diese Zahl wäre unendlich. Der Aufstieg in der Zahlenreihe ist also einsichtigerweise aktuell begrenzt, doch steht jene Zahl in Potenz zu einer anderen (höheren).

Würde sich bei der Zahl im Abstieg dasselbe ergeben, so daß bei tatsächlichem Gegebensein irgendeiner kleinen Zahl immer noch eine kleinere durch Subtraktion gegeben werden könnte, so wie im Aufstieg durch Addition immer noch eine größere gegeben werden kann, hätten wir dieselbe Konsequenz wie vorher bei der Annahme einer unendlichen Zahl. Es gäbe keine Unterscheidung bei den Gegenständen, bei den Zahlen keine Ordnung, keine

et excessum in numeris reperiretur, immo non esset numerus. Quapropter necessarium est in numero ad minimum deveniri, quo minus esse nequit, uti est unitas. Et quoniam unitati[1] minus esse nequit, erit unitas minimum simpliciter, quod cum maximo coincidit per statim ostensa.

Non potest autem unitas numerus esse, quoniam numerus 14
excedens admittens nequaquam simpliciter minimum nec maximum esse potest. Sed est principium omnis numeri quia minimum. Est[2] finis omnis numeri quia maximum. Est igitur unitas absoluta, cui nihil opponitur, ipsa absoluta maximitas, quae est deus benedictus. Haec unitas cum maxima sit, non est multiplicabilis, quoniam est omne id quod esse potest. Non potest igitur ipsa numerus fieri.

Vide per numerum ad hoc nos deductos, ut intelligamus innominabili deo unitatem absolutam propius convenire quodque deus ita est unus, ut sit actu omne id quod possibile est. Quapropter non recipit ipsa unitas magis nec minus, nec est multiplicabilis. Deitas itaque est unitas infinita. Qui ergo dixit: «Audi Israel», deus tuus «unus est» et: «Unus est magister» et «pater vester in caelis», nihil verius dicere potuit. Qui diceret plures deos esse, hic nec deum nec quidquam omnium universi esse falsissime affirmaret, uti in sequentibus ostendetur. Nam uti numerus, qui ens rationis est fabricatum per nostram comparativam discretionem, praesupponit necessario unitatem pro tali numeri principio, ut sine eo impossibile sit numerum esse, ita rerum pluralitates ab hac infinita unitate descendentes ad ipsam se habent, ut sine ipsa esse nequeant. Quomodo enim essent sine esse? Unitas absoluta est entitas, ut posterius videbimus.

[1] unitate *I*
[2] et *add. I*

Vielheit, kein Mehr und Weniger, ja es gäbe überhaupt keine Zahl. Man muß deshalb mit Notwendigkeit bei der Zahl an ein Kleinstes kommen, zu dem es kein Kleineres mehr geben kann, wie das die Einheit ist. Und da es nichts Kleineres geben kann als die Einheit, so muß die Einheit das schlechthin Kleinste sein, das auf Grund des eben geführten Nachweises mit dem Größten zusammenfällt.

14 Die Einheit kann aber nicht Zahl sein, denn die Zahl läßt ein Mehr oder Weniger zu und kann deshalb unmöglich ein schlechthin Kleinstes oder Größtes sein. Die Einheit ist vielmehr als Kleinstes Prinzip jeglicher Zahl, sie ist als Größtes Grenze jeglicher Zahl. Die absolute Einheit, der gegenüber es keinen Gegensatz gibt, ist also die absolute Größe selbst, welche der benedeite Gott ist. Als größte ist diese Einheit nicht vermehrbar, ist sie doch alles, was sein kann. Sie kann folglich nicht Zahl werden.

Die Zahl hat uns, wie du siehst, zu der Erkenntnis geführt, daß dem unbenennbaren Gott die Bestimmung der absoluten Einheit mit einiger Angemessenheit zukommt und daß dabei Gott in der Weise Einer ist, daß er aktuell all das ist, was möglich ist. Die Einheit selbst nimmt kein Mehr oder Weniger in sich auf, noch ist sie der Vervielfältigung zugänglich. Die Gottheit ist demnach die unendliche Einheit. Wer also sagte : „Höre Israel“, dein Gott „ist Einer“, und : „Einer ist euer Meister“ und „Vater im Himmel“, der konnte nichts Wahreres sagen. Wer dagegen behaupten wollte, es gebe mehrere Götter, der würde in völligem Irrtum erklären, es gebe weder Gott noch irgendeinen von allen Gegenständen des Universums. Diesen Sachverhalt werden wir im folgenden aufzeigen. Denn wie die Zahl, die als idealer Gegenstand durch unsere vergleichende Unterscheidung erzeugt wird, notwendig die Einheit als derartiges Prinzip der Zahl voraussetzt, daß ohne es unmöglich Zahl sein kann, so verhalten sich die von dieser unendlichen Einheit ausgehenden Vielheiten der Dinge zu ihr so, daß sie ohne sie nicht zu sein vermöchten. Wie sollten sie denn sein ohne das Sein? Wie wir später sehen werden, ist die absolute Einheit die Seiendheit.

Capitulum VI 15

Maximum est absoluta necessitas

Ostensum est in praecedentibus omnia praeter unum maximum simpliciter eius respectu finita et terminata esse. Finitum vero et terminatum habet, a quo incipit et ad quod terminatur. Et quia non potest dici quod illud sit maius dato finito et finitum ita semper in infinitum progrediendo, quoniam in excedentibus et excessis progressio in infinitum actu fieri non potest, alias maximum esset de natura finitorum, igitur necessario est maximum actu omnium finitorum principium et finis.

Praeterea nihil esse posset, si maximum simpliciter non esset. Nam cum omne non-maximum sit finitum, est et principiatum. Erit autem necessarium quod ab alio. Alioquin, si a se ipso, fuisset quando non fuisset. Nec in principiis et causis est, ut ex regula patet, possibile ire in infinitum. Erit igitur maximum simpliciter, sine quo nihil esse potest.

Praeterea contrahamus maximum ad esse et dicamus: 16
maximo esse nihil opponitur, quare nec non esse nec minime esse. Quomodo igitur intelligi potest maximum non esse posse, cum minime esse sit maxime esse? Neque quidquam intelligi potest esse sine esse. Absolutum autem esse non potest esse aliud quam maximum absolute. Nihil igitur potest intelligi esse sine maximo.

Praeterea veritas maxima est maximum absolute. Maxime igitur verum est ipsum maximum simpliciter esse vel non esse vel esse et non esse vel nec esse nec non esse. Et plura nec dici nec cogitari possunt. Qualecumque horum dixeris maxime verum, habeo propositum. Nam habeo veri-

15 Kapitel 6

Das Größte ist absolute Notwendigkeit

Im voraufgehenden wurde gezeigt, daß außer dem Einen, schlechthin Größten alles im Verhältnis zu ihm endlich und begrenzt ist. Das Endliche und Begrenzte aber hat einen Anfang und eine Grenze. Man kann aber nicht sagen, daß jenes größer sei als ein gegebenes Endliches und selbst endlich und dabei ein solches Verfahren stets ins Unendliche weiterführen, da bei dem, was ein Mehr oder Weniger zuläßt, ein wirkliches Fortschreiten ins Unendliche nicht möglich ist. Sonst würde das Größte zum Bereich des Endlichen gehören. Notwendigerweise ist darum das aktuell Größte Ursprung und Ziel alles Endlichen.

Außerdem könnte nichts sein, wenn das schlechthin Größte nicht wäre. Denn da alles Nicht-Größte begrenzt ist, hat es auch einen Ursprung. Es hat sein Sein notwendigerweise von einem anderen. Wäre es aus sich selbst, so wäre es vor seinem Sein schon gewesen. Man kann aber auch in der Reihe der Prinzipien und Ursachen — wie die Regel sagt — nicht ins Unendliche fortschreiten. Es muß also ein schlechthin Größtes geben, ohne das nichts zu sein vermag.

16 Ferner wollen wir das Größte zum Sein kontrahieren und die These aufstellen: der Seinsfülle stellt sich kein Gegensatz gegenüber, also auch nicht das Nichtsein oder die Seinsarmut. Wie soll es sich also denken lassen, das Größte könne nicht sein, da doch die Seinsarmut die Seinsfülle ist. Auch läßt sich nichts als seiend denken ohne das Sein. Das absolute Sein aber kann nichts anderes sein als das absolut Größte. Es läßt sich also nichts als seiend denken ohne das Größte.

Ferner ist die größte Wahrheit das Größte absolut. Es ist folglich in höchster Weise wahr, daß das schlechthin Größte ist oder nicht ist oder ist und nicht ist oder weder ist noch nicht ist. Mehr Aussagen lassen sich weder aussprechen noch denken. Welche von diesen Aussagen du als der Wahrheit am nächsten kommend bezeichnen magst, in jedem

tatem maximam, quae est maximum simpliciter.

Unde etsi per praemissa manifestum sit, quod hoc nomen 17
esse aut aliud quodcumque nomen non sit praecisum nomen maximi, «quod est super omne nomen», tamen esse maxime et innominabiliter per nomen maximum super omne esse nominabile sibi convenire necesse est. Talibus quidem et infinitis consimilibus rationibus ex superioribus docta ignorantia apertissime videt maximum simpliciter necessario esse, ita quod sit absoluta necessitas. Est autem ostensum non posse nisi unum esse maximum simpliciter. Quare unum esse maximum est verissimum.

Capitulum VII 18

De trina et una aeternitate

Nulla umquam natio fuit, quae deum non coleret et quem maximum absolute non crederet. Reperimus Marcum Varronem in libris Antiquitatum annotasse Sissennios unitatem pro maximo adorasse. Pythagoras autem, vir suo aevo auctoritate irrefragabili clarissimus, unitatem illam trinam astruebat. Huius veritatem investigantes, altius ingenium elevantes dicamus iuxta praemissa: Id quod omnem alteritatem praecedit, aeternum esse nemo dubitat. Alteritas namque idem est quod mutabilitas. Sed omne, quod mutabilitatem naturaliter praecedit, immutabile est, quare aeternum. Alteritas vero constat ex uno et altero. Quare alteritas sicut numerus posterior est unitate. Unitas ergo prior natura est alteritate et, quoniam eam naturaliter praecedit, est unitas aeterna.

Fall habe ich den Beweis für meine Behauptung, denn ich habe die größte Wahrheit, die das schlechthin Größte ist.

17 Daraus folgt: Wenn auch die vorherigen Überlegungen klargestellt haben, daß der Begriff des Seins oder irgendein anderer Begriff keine genaue Bezeichnung des Größten sind, „das über alle Bezeichnung erhaben ist“ , so muß doch das Sein in vollendeter und unnennbarer Weise ihm durch den Begriff des Größten oberhalb jedes benennbaren Seins zukommen. Auf Grund solcher und einer unendlichen Zahl ähnlicher Überlegungen erschaut die belehrte Unwissenheit gemäß dem früher Gesagten in aller Deutlichkeit, daß das schlechthin Größte notwendig existiert, und zwar so, daß es die absolute Notwendigkeit ist. Der Beweis ist also erbracht, daß nur eines das schlechthin Größte zu sein vermag. Deshalb ist der Satz lautere Wahrheit: das Größte ist Eines.

18

Kapitel 7

Die dreifache und eine Ewigkeit

Niemals gab es ein Volk, das Gott nicht anbetete und nicht an ihn als das absolut Größte glaubte. Wir finden in den Büchern des Marcus Varro Über die Altertümer die Bemerkung , die Sissennier hätten die Einheit als das Größte angebetet. Pythagoras aber, ein Mann von höchstem Ruhm und unbezweifelter Autorität in seiner Zeit, lehrte jene Einheit als eine dreifaltige . Spüren wir der Wahrheit dieses Satzes nach und erheben wir unseren Geist in höhere Gefilde, so können wir dem Vorhergehenden gemäß sagen: niemand zweifelt, daß das, was aller Andersheit vorangeht, ewig ist. Die Andersheit ist ja dasselbe wie die Veränderlichkeit. Alles aber, was seiner Natur nach der Veränderlichkeit vorangeht, ist unveränderlich, also ewig. Die Andersheit jedoch besteht aus dem Einen und dem anderen. Deshalb ist die Andersheit ebenso wie die Zahl später als die Einheit. Die Einheit ist folglich von Natur aus früher als die Andersheit, und da sie der Natur nach der Andersheit vorangeht, ist die Einheit ewig.

Amplius omnis inaequalitas est ex aequali et excedente. 19 Inaequalitas ergo posterior natura est aequalitate, quod per resolutionem firmissime probari potest. Omnis enim inaequalitas in aequalitatem resolvitur. Nam aequale inter maius et minus est. Si igitur demas quod maius est aequale erit. Si vero minus fuerit, deme a reliquo quod maius est, et aequale fiet. Et hoc etiam facere poteris, quousque ad simplicia demendo veneris. Patet itaque, quod omnis inaequalitas demendo ad aequalitatem redigitur. Aequalitas ergo naturaliter praecedit inaequalitatem. Sed inaequalitas et alteritas simul sunt natura. Ubi enim inaequalitas, ibidem necessario alteritas, et e converso. Inter duo namque ad minus erit alteritas. Illa vero ad unum illorum duplicitatem facient. Quare erit inaequalitas. Alteritas ergo et inaequalitas simul erunt natura, praesertim cum binarius prima sit alteritas et prima inaequalitas. Sed probatum est aequalitatem praecedere natura inaequalitatem, quare et alteritatem. Aequalitas ergo aeterna.

Amplius, si duae fuerint causae, quarum una prior 20 natura sit altera, erit effectus prioris prior natura posterioris. Sed unitas vel est conexio vel est causa conexionis. Inde enim aliqua conexa dicuntur, quia simul unita sunt. Binarius quoque vel divisio est vel causa divisionis, binarius enim prima est divisio. Si ergo unitas causa conexionis est, binarius vero divisionis, ergo sicut unitas est prior natura binario, ita conexio prior natura divisione. Sed divisio et

19 Ferner besteht jede Ungleichheit aus dem, was gleich ist und einem, was mehr ist. Folglich ist die Ungleichheit der Natur nach später als die Gleichheit. Diese Tatsache läßt sich durch Zurückführung eindeutig beweisen. Jede Ungleichheit läßt sich nämlich auf Gleichheit zurückführen, denn das Gleiche liegt zwischen dem Zuviel und dem Zuwenig. Nimmt man hinweg, was zuviel ist, so ergibt sich Gleichheit. Ist es zuwenig, so nimm vom anderen weg, was zuviel ist, und wieder entsteht Gleichheit. Diese Operation läßt sich ausführen, bis man durch Wegnehmen zu einfachen Bestandteilen kommt. Es ist also klar, daß sich alle Ungleichheit durch Vermindern auf Gleichheit zurückführen läßt. Die Gleichheit geht also natürlicherweise der Ungleichheit voran.

Dagegen sind die Ungleichheit und die Andersheit von Natur aus zugleich. Wo sich nämlich Ungleichheit findet, da findet sich notwendigerweise auch Andersheit und umgekehrt. Zwischen zwei Gegenständen herrscht nämlich zum mindesten Andersheit. Sie stellen gegenüber dem einen von ihnen eine Verdoppelung dar, und damit herrscht unter ihnen Ungleichheit. Die Andersheit und die Ungleichheit sind demnach von Natur aus gleichzeitig, zumal da die Zweizahl die erste Andersheit und die erste Ungleichheit darstellt. Es ist aber bewiesen, daß die Gleichheit von Natur aus der Ungleichheit und damit auch der Andersheit vorangeht. Die Gleichheit ist also ewig.

20 Wenn ferner zwei Ursachen bestehen, von denen die eine der Natur nach früher ist als die andere, so ist die Wirkung der früheren der Natur nach früher als die Wirkung der späteren. Die Einheit jedoch ist entweder Verbindung oder die Ursache der Verbindung. Gegenstände heißen doch deshalb verbunden, weil sie vereinigt sind. Ebenso ist die Zweizahl entweder Teilung oder Ursache der Teilung. Die Zwei ist ja die erste Teilung. Wenn nun also die Einheit Ursache der Verbindung ist, die Zwei aber Ursache der Teilung, dann ist, so wie die Einheit der Natur nach früher ist als die Zwei, ebenso die Verbindung der Natur nach früher als die Teilung. Die Teilung jedoch

alteritas simul sunt natura. Quare et conexio sicut unitas est aeterna, cum prior sit alteritate.

Probatum est igitur: Quoniam unitas aeterna est, aequa- 21
litas aeterna, similiter et conexio aeterna. Sed plura aeterna esse non possunt. Si enim plura essent aeterna, tunc quoniam omnem pluralitatem praecedit unitas, esset aliquid prius natura aeternitate. Quod est impossibile. Praeterea, si plura essent aeterna, alterum alteri deesset ideoque nullum illorum perfectum esset. Et ita esset aliquod aeternum, quod non esset aeternum, quia non esset perfectum. Quod cum non sit possibile, hinc plura aeterna esse non possunt. Sed quia unitas aeterna est, aequalitas aeterna est, similiter et conexio, hinc unitas, aequalitas et conexio sunt unum. Et haec est illa trina unitas, quam Pythagoras, omnium philosophorum primus, Italiae et Graeciae decus, docuit adorandam.

Sed adhuc aliqua de generatione aequalitatis ab unitate subiungamus expressius.

Capitulum VIII 22

De generatione aeterna

Ostendamus nunc brevissime ab unitate gigni unitatis aequalitatem, conexionem vero ab unitate procedere et ab unitatis aequalitate.

Unitas dicitur quasi ὤντας ab ὤν Graeco, quod Latine 'ens' dicitur. Et est unitas quasi entitas. Deus namque ipsa est rerum entitas. Forma enim essendi est, quare et entitas. Aequalitas vero unitatis quasi aequalitas entitatis, id est aequalitas essendi sive exsistendi. Aequalitas vero essendi est, quod in re neque plus neque minus est, nihil

und die Andersheit sind der Natur nach zugleich. Deshalb ist auch die Verbindung ebenso wie die Einheit ewig, da früher als die Andersheit.

21 Damit ist bewiesen: Weil die Einheit ewig ist, ist die Gleichheit ewig und gleicherweise ist die Verbindung ewig. Nun kann es aber mehrere Ewige nicht geben. Gäbe es nämlich mehrere Ewige, so müßte, da die Einheit aller Vielheit vorangeht, etwas der Natur nach früher sein als die Ewigkeit, was unmöglich ist. Wenn es ferner mehrere Ewige gäbe, so würde das eine dem anderen mangeln und damit keines von ihnen vollkommen sein. Auf diese Weise gäbe es ein Ewiges, das, weil nicht vollkommen, kein Ewiges wäre. Aus der Unmöglichkeit dieser Folgerung ergibt sich, daß es mehrere Ewige nicht geben kann. Weil aber die Einheit ewig ist, die Gleichheit ewig ist und ebenso auch die Verbindung, so sind Einheit, Gleichheit und Verbindung eins. Das ist jene dreifaltige Einheit, deren Anbetungswürdigkeit Pythagoras , der erste unter allen Philosophen, die Zierde Italiens und Griechenlands, gelehrt hat.

Doch über die Zeugung der Gleichheit aus der Einheit wollen wir einige weitere Ausführungen anschließen.

22 Kapitel 8

Die ewige Zeugung

Wir wollen nun in aller Kürze zeigen, daß von der Einheit die Gleichheit der Einheit gezeugt wird, die Verbindung aber von der Einheit und von der Gleichheit der Einheit hervorgeht.

Die Einheit bezeichnet man gleichsam als ὤντας vom griechischen ὤν, das im Lateinischen ens (Seiendes) heißt. Die Einheit ist gleichsam die Seiendheit. Denn Gott selbst ist die Seiendheit der Dinge; ist er doch die Form des Seins und damit auch die Seiendheit. Die Gleichheit der Einheit jedoch ist gleichsam die Gleichheit der Seiendheit, d. h. die Gleichheit des Seins oder Existierens. Gleichheit des Seins aber bedeutet, daß im Gegenstand weder mehr noch weni-

ultra, nihil infra. Si enim in re magis est, monstruosum est. Si minus est, nec est.

Generatio aequalitatis ab unitate clare conspicitur, quando 23
quid sit generatio attenditur. Generatio est enim unitatis repetitio vel eiusdem naturae multiplicatio a patre procedens in filium. Et haec quidem generatio in solis rebus caducis invenitur. Generatio autem unitatis ab unitate est una unitatis repetitio, id est unitas semel, quod si bis vel ter vel deinceps unitatem multiplicavero, iam unitas ex se aliud procreabit, ut binarium vel ternarium vel alium numerum. Unitas vero semel repetita solum gignit unitatis aequalitatem, quod nihil aliud intelligi potest quam quod unitas gignat unitatem. Et haec quidem generatio aeterna est.

Capitulum IX 24

De conexionis aeterna processione

Quemadmodum generatio unitatis ab unitate est una unitatis repetitio, ita processio ab utroque est repetitionis illius unitatis, sive mavis dicere unitatis et aequalitatis unitatis ipsius, unitas. Dicitur autem processio quasi quaedam ab altero in alterum extensio. Quemadmodum cum duo sunt aequalia, tunc quaedam ab uno in alterum quasi extenditur aequalitas, quae illa coniungat quodammodo et conectat. Merito ergo dicitur ab unitate et ab aequalitate unitatis conexio procedere. Neque enim conexio unius tantum est, sed ab unitate in aequalitatem unitas procedit et ab unitatis aequalitate in unitatem.

ger ist, um nichts mehr, um nichts weniger. Ist nämlich im Gegenstande mehr, so ist er ein Monstrum; ist in ihm weniger, so ist der Gegenstand nicht.

23 Man erschaut in Klarheit die Zeugung der Gleichheit aus der Einheit, indem man betrachtet, was Zeugung ist. Zeugung ist nämlich die Wiederholung der Einheit bzw. die Vervielfältigung der gleichen Natur, wie sie vom Vater auf den Sohn übergeht. Zeugung in diesem Sinn findet sich indes nur bei den vergänglichen Dingen. Dagegen ist die Zeugung der Einheit aus der Einheit die einmalige Wiederholung der Einheit, d. h. die einmalige Einheit. Würde ich nämlich die Einheit zweimal, dreimal oder mehrfach vervielfältigen, so würde die Einheit bereits ein anderes aus sich hervorbringen, wie etwa die Zwei, die Drei oder eine andere Zahl. Die nur einmal wiederholte Einheit erzeugt nur die Gleichheit der Einheit, worunter nichts anderes verstanden werden kann, als daß die Einheit die Einheit zeugt. Diese Zeugung ist ewig. ×

24 Kapitel 9

Das ewige Hervorgehen der Verbindung

Wie die Zeugung der Einheit aus der Einheit eine einzige Wiederholung der Einheit ist, so ist das Hervorgehen aus beiden die Einheit der Wiederholung jener Einheit bzw., wenn du diesen Ausdruck vorziehst, die Einheit der Einheit und der Gleichheit der Einheit selbst. Unter Hervorgehen versteht man gewissermaßen eine Art Erstreckung vom einen zum anderen. Da nun beide gleich sind, so erstreckt sich von einem zum anderen gleichsam eine Art Gleichheit, die sie irgendwie verbindet und verknüpft. Man spricht deshalb mit Recht vom Hervorgang der Verknüpfung aus der Einheit und aus der Gleichheit der Ein- × heit. Die Verbindung ist ja auch nicht die Leistung von nur einem, vielmehr geht von der Einheit ausgehend zur Gleichheit hin und von der Gleichheit der Einheit zur Ein-

Merito igitur ab utroque procedere dicitur eo, quod ab altero in alterum quasi extenditur.

Sed nec ab unitate vel unitatis aequalitate gigni dicimus 25
conexionem, quoniam nec ab unitate per repetitionem fit neque per multiplicationem. Et quamvis ab unitate gignatur unitatis aequalitas et ab utroque conexio procedat, unum tamen et idem est unitas et unitatis aequalitas et conexio procedens ab utroque velut si de eodem dicatur: 'hoc, id, idem'. Hoc ipsum quidem, quod dicitur id, ad primum refertur, quod vero dicitur idem, relatum conectit et coniungit ad primum. Si igitur ab hoc pronomine, quod est id, formatum esset hoc vocabulum, quod est iditas, ut sic dicere possemus: 'unitas, iditas, identitas', relationem quidem faceret iditas ad unitatem, identitas vero iditatis et unitatis designaret conexionem, satis propinque trinitati convenirent.

Quod autem sanctissimi nostri doctores unitatem vo- 26
caverunt patrem, aequalitatem filium, et[1] conexionem spiritum sanctum, hoc propter quandam similitudinem ad ista caduca fecerunt. Nam in patre et filio est quaedam natura communis quae una est, ita quod in ipsa natura filius patri est aequalis. Nihil enim magis vel minus humanitatis est in filio quam in patre, et inter eos quaedam est conexio. Amor enim naturalis alterum cum altero conectit, et hoc propter similitudinem eiusdem naturae, quae in eis est, quae a patre in filium descendit. Et ob hoc ipsum filium plus diligit quam alium secum in humanitate convenientem.

Ex tali quidem licet distantissima similitudine pater dicta est unitas, filius aequalitas, conexio vero amor sive spiritus sanctus, creaturarum respectu tantum, prout infra

[1] et *om.* *I T*

heit hin die Einheit hervor. Mit Recht spricht man darum von einem Hervorgehen aus beiden, da sie vom einen zum anderen sich gewissermaßen erstreckt.

25 Wir sprechen dagegen nicht von einem Erzeugtwerden der Verbindung aus der Einheit oder aus der Gleichheit der Einheit. Sie geschieht ja nicht von der Einheit durch Wiederholung oder Vervielfältigung, und obgleich die Gleichheit der Einheit von der Einheit gezeugt wird und von beiden die Verbindung ausgeht, so ist doch die Einheit und die Gleichheit der Einheit sowie die von beiden ausgehende Verbindung eines und dasselbe, so wie man von demselben Gegenstande sagen würde: dieses, das, dasselbe . Dasjenige, welches man ‚das' nennt, bezieht sich ×
auf das Erste. Was man aber mit ‚dasselbe' benennt, verknüpft das Bezogene und verbindet es mit dem Ersten. Könnte man von dem Pronomen ‚das' ein Substantiv ‚Dasheit' bilden, so daß wir sagen könnten: Einheit, Dasheit, Dasselbigkeit , so würde die Dasheit eine Beziehung zur ×
Einheit bilden, die Dasselbigkeit aber die Verbindung von Dasheit und Einheit bezeichnen. Diese Bezeichnungen würden der Trinität einigermaßen angemessen sein.

26 Wenn aber unsere heiligen Kirchenlehrer die Einheit ×
Vater, die Gleichheit Sohn und die Verbindung Heiligen Geist nennen, so haben sie das aus einer gewissen Ähnlichkeit heraus getan, die in diesen vergänglichen Dingen sich findet. Im Vater und im Sohn ist nämlich eine gewisse gemeinsame Natur, die eine ist, so daß in der Natur der Sohn dem Vater gleich ist. Es findet sich um nichts mehr oder weniger an Menschsein im Sohn gegenüber dem Vater, und zwischen ihnen besteht also eine Art Verbindung. Die natürliche Liebe verbindet ja den einen mit dem anderen und zwar vermöge der Ähnlichkeit in derselben Natur, die in ihnen ist, und die vom Vater auf den Sohn übergeht. Deshalb liebt der Vater den Sohn mehr als einen anderen, der mit ihm das Menschsein teilt.

Infolge derartiger — wenn auch nur sehr entfernter — Ähnlichkeit nannte man Vater die Einheit, Sohn die Gleichheit, die Verbindung Liebe oder Heiligen Geist. Das geschah nur mit Rücksicht auf die Geschöpfe, wie wir später

etiam suo loco clarius ostendemus. Et haec est meo arbitratu iuxta Pythagoricam inquisitionem trinitatis in unitate et unitatis in trinitate semper adorandae manifestissima inquisitio.

Capitulum X 27

Quomodo intellectus trinitatis in unitate supergreditur omnia

Nunc inquiramus, quid sibi velit Martianus, quando ait philosophiam ad huius trinitatis notitiam ascendere volentem circulos et sphaeras evomuisse.

Ostensum est in prioribus unicum simplicissimum maximum, et quod ipsum tale non sit nec perfectissima figura corporalis, ut est sphaera, aut superficialis, ut est circulus, aut rectilinealis, ut est triangulus, aut simplicis rectitudinis, ut est linea. Sed ipsum super omnia illa est, ita quod illa, quae aut per sensum aut imaginationem aut rationem cum materialibus appendiciis attinguntur, necessario evomere oporteat, ut ad simplicissimam et abstractissimam intelligentiam perveniamus, ubi omnia sunt unum, ubi linea sit triangulus, circulus et sphaera, ubi unitas sit trinitas et e converso, ubi accidens sit substantia, ubi corpus sit spiritus, motus sit quies et cetera huiusmodi. Et tunc intelligitur, quando quodlibet in ipso uno intelligitur unum et ipsum unum omnia et per consequens quodlibet in ipso omnia. Et non recte evomuisti sphaeram, circulum et huiusmodi, si non intelligis ipsam unitatem maximam necessario esse trinam. Maxima enim nequaquam recte intelligi poterit, si non intelligatur trina.

Ut exemplis ad hoc utamur convenientibus, videmus 28
unitatem intellectus non aliud esse quam intelligens, in-

am geeigneten Ort noch deutlicher zeigen wollen. Und das ist meines Erachtens gemäß dem Ergebnis des Pythagoras × das einleuchtendste Forschungsergebnis über die Trinität in der Einheit und über die in der Trinität immer anbetungswürdige Einheit.

27 Kapitel 10

Das Erkennen der Trinität in der Einheit im Überstieg aller Erkenntnisinhalte

Martianus sagt , in dem Bemühen, sich zur Erkenntnis × dieser Trinität zu erheben, habe die Philosophie Kreise und Kugeln ausgespien. Nach der Bedeutung dieses Ausspruchs wollen wir jetzt fragen. In den bisherigen Ausführungen wurde ein Einziges, Einfachstes, Größtes nachgewiesen. Ferner wurde gezeigt, daß es als solches weder die vollkommenste körperhafte Figur, die Kugel, ist noch die vollkommenste zweidimensionale Figur, der Kreis, noch die vollkommenste geradlinige Figur, das Dreieck, noch die vollkommenste Figur einfacher Ausdehnung, die Gerade. Es steht vielmehr über all diesen, so daß man all dieses, was man durch die Sinne, die Vorstellungskraft oder den Verstand mit materiellem Beiwerk behaftet erfaßt, ausspeien muß, um so zur einfachsten und abstraktesten Vernunfteinsicht zu gelangen, in der alles eins ist; in der die Gerade Dreieck, Kreis und Kugel ist; in der die Einheit Dreiheit ist und umgekehrt; in der das Akzidens Substanz ist; der Körper Geist; die Bewegung Ruhe usw. Es wird dann erkannt, wenn alles im Einen als Eines erkannt wird und das Eine als alles, und folglich jedwedes in ihm als alles. Du hast aber Kugel, Kreis und ähnliches nicht richtig ausgespien, wenn du nicht erkennst, daß die größte Einheit notwendig dreifach ist. Man kann nämlich die größte Einheit nicht richtig erkennen, ohne sie als dreifach zu erkennen.

28 Wählen wir zur Veranschaulichung dieses Sachverhalts geeignete Beispiele. Die Einheit der Vernunft ist, wie wir

telligibile et intelligere. Si igitur ab eo quod est intelligens velis te ad maximum transferre et dicere maximum esse maxime intelligens et non adicias ipsum etiam esse maxime intelligibile et maximum intelligere, non recte de unitate maxima et perfectissima concipis. Si enim unitas est maxima et perfectissima intellectio, quae sine istis correlationibus tribus nec intellectio nec perfectissima intellectio esse poterit, non recte unitatem concipit, qui ipsius unitatis trinitatem non attingit.

Unitas enim non nisi trinitas est, nam dicit indivisionem, discretionem et conexionem. Indivisio quidem ab unitate est, similiter discretio, similiter et unio sive conexio. Maxima igitur unitas non aliud est quam indivisio, discretio et conexio. Et quoniam indivisio est, tunc est aeternitas sive absque principio, sicut aeternum a nullo divisum. Quoniam discretio est, ab aeternitate immutabili est. Et quoniam conexio sive unio est, ab utroque procedit.

Adhuc cum dico: 'Unitas est maxima', trinitatem dico. 29
Nam cum dico unitas, dico principium sine principio, cum dico maxima, dico principium a principio, cum illa per verbum 'est' copulo et unio, dico processionem ab utroque. Si igitur ex superioribus manifestissime probatum est unum esse maximum quoniam minimum, maximum et conexio unum sunt, ita quod ipsa unitas est et minima et maxima et unio. Hinc constat, quomodo evomere omnia imaginabilia et rationabilia necesse est philosophiam, quae unitatem maximam non nisi trinam simplicissima intellectione voluerit comprehendere.

Admiraris autem de his quae diximus, quomodo volentem maximum simplici intellectione apprehendere necesse sit rerum differentias et diversitates ac omnes mathematicas

sehen, nichts anderes als Erkennendes, Erkennbares und Erkennen . Wolltest du dich nun vom Erkennenden zum Größten wenden und sagen, das Größte ist in vollkommenster Weise Erkennendes und würdest du dabei nicht hinzufügen, daß es auch in vollkommenster Weise Erkennbares und in vollkommenster Weise Erkennen ist, so wäre dein Begriff der größten und vollkommensten Einheit nicht richtig. Wenn nämlich die Einheit größtes und vollkommenstes Erkennen ist, das ohne diese drei wechselseitigen Entsprechungen weder Erkennen noch vollendetes Erkennen sein könnte, so begreift die Einheit nicht richtig, wer die Dreiheit der Einheit nicht erfaßt.

Die Einheit ist Dreiheit, denn sie bedeutet Ungeteiltheit, Unterscheidung und Verbindung. Die Ungeteiltheit stammt aus der Einheit, ebenso die Unterscheidung und ebenso die Einheit bzw. Verbindung. Die größte Einheit ist also nichts anderes als Ungeteiltheit, Unterscheidung und Verbindung. Weil sie Ungeteiltheit ist, ist sie Ewigkeit, d. h. ohne Ursprung, als Ewiges von keinem geschieden. Weil sie Unterscheidung ist, stammt sie von der unwandelbaren Ewigkeit. Und weil sie Verbindung, d. h. Einung ist, geht sie aus beiden hervor.

29 Wenn ich ferner sage: ‚Die Einheit ist die größte', so bezeichne ich eine Dreiheit. Sage ich nämlich ‚Einheit', so bezeichne ich Ursprung ohne Ursprung. Sage ich ‚die größte', so bezeichne ich Ursprung vom Ursprung. Verbinde und vereinige ich beide durch das Zeitwort ‚ist', so bezeichne ich das Hervorgehen aus beiden. Haben die früheren Ausführungen den eindeutigen Beweis geliefert, daß das Eine das Größte ist, weil es das Kleinste ist, so sind das Größte und die Verbindung eines, so sehr daß die Einheit sowohl die kleinste wie die größte und Einung ist. Damit steht fest, wieso die Philosophie, welche die größte Einheit als dreifach in einem einfachen Akt des geistigen Schauens erfassen will, die Gegenstände der Vorstellung und des Verstandes ausspeien muß.

Unsere Behauptung, um das Größte in einem einfachen Akt geistiger Schau zu erfassen, müsse man die Verschiedenheit und Unterschiede der Dinge und alle mathemati-

figuras transilire, quoniam lineam diximus in maximo superficiem et circulum et sphaeram. Unde, ut acuetur[1] intellectus, ad hoc te facilius indubitata manuductione transferre conabor, ut videas ista necessaria atque verissima. Quae te non inepte, si ex signo ad veritatem te elevaveris verba transumptive intelligendo, in stupendam suavitatem adducent, quoniam in docta ignorantia proficies in hac via, ut, quantum studioso secundum humani ingenii vires elevato conceditur, videre possis ipsum unum maximum incomprehensibile, deum unum et trinum semper benedictum.

Capitulum XI

Quod mathematica nos iuvet plurimum in diversorum divinorum apprehensione

Consensere omnes sapientissimi nostri et divinissimi doctores visibilia veraciter invisibilium imagines esse atque creatorem ita cognoscibiliter a creaturis videri posse quasi in speculo et in aenigmate. Hoc autem, quod spiritualia per se a nobis inattingibilia symbolice investigentur, radicem habet ex his, quae superius dicta sunt, quoniam omnia ad se invicem quandam nobis tamen occultam et incomprehensibilem habent proportionem, ut ex omnibus unum exsurgat universum et omnia in uno maximo sint ipsum unum. Et quamvis omnis imago accedere videatur ad similitudinem exemplaris, tamen praeter maximam imaginem, quae est hoc ipsum quod exemplar in unitate naturae, non est imago adeo similis aut aequalis exemplari, quin per infinitum similior et aequalior esse possit, uti iam ista ex superioribus nota facta sunt.

[1] acuetur Σ acuatur *HK*

schen Figuren überspringen, da, wie gesagt, im Größten die Linie Fläche, Kreis und Kugel ist, mag dein Erstaunen hervorgerufen haben. Zur Schärfung des Geistes will ich deshalb versuchen, dich einigermaßen bequem in einer unbezweifelbaren Anleitung zur Erkenntnis der Notwendigkeit und absoluten Wahrheit dieser Behauptung zu führen. Wenn du dich vom Zeichen zur Wahrheit erhebst, indem du die Begriffe in überhöhter Bedeutung verstehst, so werden diese Wahrheiten kein ganz ungeeignetes Mittel sein, um dich zu einer unerwarteten Beglückung zu führen. Auf diesem Wege wandernd wirst du in der belehrten Unwissenheit Fortschritte machen, auf daß du — soweit es einem gemäß der Kräfte menschlichen Geistes sich erhebenden Bemühen vergönnt ist — das Eine, Größte, Unfaßbare, den einen und dreifachen immer gebenedeiten Gott zu schauen vermagst.

30 Kapitel 11

Die Leistung der Mathematik beim Erfassen der innergöttlichen Relationen

Alle unsere weisen und gotterleuchteten Lehrer stimmen darin überein, daß die sichtbaren Dinge in Wahrheit Bilder der unsichtbaren Dinge sind , und daß der Schöpfer auf diese Weise wie im Spiegel und Gleichnis für die Geschöpfe dem erkennenden Blick zugänglich wird. Daß aber die geistigen, an sich uns unzugänglichen Dinge im Symbol erforscht werden können, das hat nach dem oben Gesagten seinen Grund darin, daß alles zueinander in einer gewissen, uns freilich verborgenen und unfaßbaren Proportion steht, so daß aus allem sich *ein* Universum aufbaut, und alles im einen Größten das Eine selbst ist. Obwohl nun jedes Abbild an die Ähnlichkeit mit dem Urbild heranzureichen scheint, so ist doch — außer dem größten Abbild, welches eben das in der Einheit der Natur ist, was das Urbild ist — kein Abbild dem Urbild so ähnlich und gleich, daß es nicht ins Unendliche noch ähnlicher und gleicher sein könnte. Diese Verhältnisse sind bereits oben klargestellt worden.

Quando autem ex imagine inquisitio fit, necesse est 31
nihil dubii apud imaginem esse, in cuius transsumptiva proportione incognitum investigatur, cum via ad incerta non nisi per praesupposita et certa esse possit. Sunt autem omnia sensibilia in quadam continua instabilitate propter possibilitatem materialem in ipsis abundantem. Abstractiora autem istis, ubi de rebus consideratio habetur, non ut appendiciis materialibus, sine quibus imaginari nequeunt, penitus careant neque penitus possibilitati fluctuanti subsint, firmissima videmus atque nobis certissima, ut sunt ipsa mathematicalia. Quare in illis sapientes exempla indagandarum rerum per intellectum sollerter quaesiverunt, et nemo antiquorum, qui magnus habitus est, res difficiles alia similitudine quam mathematica aggressus est, ita ut Boethius, ille Romanorum litteratissimus, assereret neminem divinorum scientiam, qui penitus in mathematicis exercitio careret, attingere posse.

Nonne Pythagoras, primus et nomine et re philosophus, 32
omnem veritatis inquisitionem in numeris posuit? Quem Platonici et nostri etiam primi in tantum secuti sunt, ut Augustinus noster et post ipsum Boethius affirmarent indubie numerum creandarum rerum «in animo conditoris[1] principale exemplar» fuisse. Quomodo Aristoteles, qui singularis videri voluit priores confutando, aliter nobis in Metaphysicis specierum differentiam tradere potuit quam quod ipsas numeris compararet? Et idem dum de formis naturalibus, quomodo una sit in alia, scientiam tradere

[1] creatoris *I*

31 Geht nun die Untersuchung vom Abbild aus, so darf
beim Abbild, in dessen überhöhender Proportion das Un-
bekannte gesucht wird, kein Rest von Unklarheit herrschen.
Das ist notwendig, da der Weg zum Unbekannten nur vom
Bekannten als seiner Voraussetzung ausgehen kann. Alle
sinnlich wahrnehmbaren Dinge aber leiden an einer gewis-
sen fortwährenden Unstetigkeit infolge der in ihnen lie-
genden materiebedingten Möglichkeit. Gegenüber dieser
Betrachtung, die von sinnlich wahrnehmbaren Gegenstän-
den ausgeht, finden wir die abstrakteren Gegenstände wie
die mathematischen als unwandelbar und für uns gewiß,
nicht als ob sie völlig frei wären von materiellem Beiwerk,
ohne das sie nicht vorgestellt werden können, und völlig
der fluktuierenden Möglichkeit entzogen wären. Mit Ge-
schick haben deshalb die Weisen ihre Beispiele für die
Gegenstände, zu deren Untersuchung sich der Geist auf-
schwingt, im Bereich dieser mathematischen Gegenstände
gesucht. Keiner von den alten Denkern, der als großer gilt,
ist schwierige Dinge mit anderem Vergleichsmaterial als
mit dem mathematischen angegangen. Das geschah in sol-
chem Maße, daß Boethius, der gelehrteste unter den Rö- ×
mern, behaupten konnte, niemand könne zu einem Wissen
um die göttlichen Dinge kommen, der in der Mathematik
jeder Übung völlig ermangele.

32 Hat nicht Pythagoras, der erste, der sich Philosoph
nannte und es auch wirklich war, alles Suchen nach Wahr-
heit in das Studium der Zahlen verlegt? Ihm folgten ×
die Platoniker und auch die führenden unter unseren ×
Denkern so sehr, daß unser Augustinus und nach ihm ×
Boethius die Behauptung aufstellten, die Zahl sei zweifel- ×
los für die zu schaffenden Dinge „das Leitbild im Geiste des
Schöpfers" gewesen. Wie hätte Aristoteles, der sich seine ×
führende Stellung durch Bekämpfung der Vorgänger er-
ringen wollte, uns in seiner Metaphysik den Unterschied
der Formen anders mitteilen können als durch Vergleich
mit den Zahlen. Beim Versuch, ein Wissen darüber zu ver-
mitteln, wie bei den natürlichen Formen die eine in der

vellet, ad formas mathematicas necessario convolavit dicens: «Sicut trigonus in tetragono», ita inferior in superiori. Taceo de innumeris exemplis suis similibus. Aurelius etiam Augustinus Platonicus, quando de quantitate animae et eiusdem immortalitate et ceteris altissimis investigavit, ad mathematica[2] pro adiutorio convolavit. Ista via Boethio nostro adeo placere visa est, ut constanter assereret omnem veritatis doctrinam in multitudine et magnitudine comprehendi. Et si velis, ut compendiosius dicam: Nonne Epicurorum de atomis et inani sententia, quae et deum negat et cunctam veritatem collidit, solum a Pythagoricis et Peripateticis mathematica demonstratione periit, non posse scilicet ad atomos indivisibiles et simplices deveniri, quod ut principium Epicurus supposuit?

Hac veterum via incedentes cum ipsis concurrentes dicimus, cum ad divina non nisi per symbola accedendi nobis via pateat, quod tunc mathematicalibus signis propter ipsorum incorruptibilem certitudinem convenientius uti poterimus.

Capitulum XII 33

Quomodo signis mathematicalibus sit utendum in proposito

Verum quoniam ex antehabitis constat maximum simpliciter nihil horum esse posse, quae per nos sciuntur aut concipiuntur, hinc cum ipsum symbolice investigare proponimus, simplicem similitudinem transilire necesse est. Nam cum omnia mathematicalia sint finita et aliter etiam imaginari nequeant, si finitis uti pro exemplo voluerimus ad maximum simpliciter ascendendi, primo necesse est figuras

[2] mathematicam *I*

anderen enthalten ist, griff er notwendigerweise zu den mathematischen Formen und erklärte: „Wie das Dreieck × im Viereck“, so ist die niedere Form in der höheren. Ich will die ungezählten ähnlichen Beispiele übergehen, die sich bei ihm finden. Auch der Platoniker Aurelius Augustinus × nahm bei der Forschung über die Quantität der Seele, ihre Unsterblichkeit und über sonstige erhabene Gegenstände die mathematischen Beispiele zu Hilfe. Diese Methode erschien unserem Boethius so dienlich, daß er immer × wieder versicherte, alle Lehre von der Wahrheit sei in der Lehre von der Vielheit und Größe beschlossen. Und um diesen Sachverhalt, wenn du es wünschest, noch kürzer darzustellen: Ist nicht die Auffassung der Epikureer über die Atome und das Leere, die Gott leugnet und die gesamte Wahrheit vernichtet, von den Pythagoreern und × Peripatetikern allein durch mathematische Beweisführung überwunden worden, daß man nämlich nicht zu unteilbaren und einfachen Atomen gelangen könne, was gerade Epikur als Prinzip voraussetzte?

Auf den Pfaden der Alten und mit ihnen im Wettstreit erklären auch wir: Da uns zu den göttlichen Dingen nur der Zugang durch Symbole als Weg offensteht, so ist es recht passend, wenn wir uns wegen ihrer unverrückbaren Sicherheit mathematischer Symbole bedienen.

33

Kapitel 12

Die Benützung mathematischer Zeichen zur Bewältigung der gestellten Aufgaben

Nach den bisherigen Ausführungen steht fest, daß das schlechthin Größte nicht zu den Gegenständen gehören kann, die wir wissen können und zu begreifen vermögen. Da wir uns deshalb vorgenommen haben, es auf dem Wege des Symbols aufzusuchen, müssen wir die einfache Form von Ähnlichkeit überspringen. Alles Mathematische ist endlich und läßt sich anders gar nicht vorstellen. Wenn wir deshalb für den Aufstieg zum schlechthin Größten das Endliche als Beispiel verwenden wollen, so müssen wir zunächst

mathematicas finitas considerare cum suis passionibus et rationibus, et ipsas rationes correspondenter ad infinitas tales figuras transferre, post haec tertio adhuc altius ipsas rationes infinitarum figurarum transumere ad infinitum simplex absolutissimum etiam ab omni figura. Et tunc nostra ignorantia incomprehensibiliter docebitur, quomodo de altissimo rectius et verius sit nobis in aenigmate laborantibus sentiendum.

Ita igitur agentes et sub directione maximae veritatis 34
incipientes dicimus quod sancti viri et elevatissimi ingenii, qui se figuris applicarunt, varie locuti sunt. Anselmus devotissimus veritatem maximam rectitudini infinitae comparavit, quem nos sequentes ad figuram rectitudinis, quam lineam rectam imaginor, convolemus. Alii peritissimi trinitati superbenedictae triangulum trium aequalium et rectorum angulorum compararunt, et quoniam talis triangulus necessario est ex infinitis lateribus, ut ostendetur, dici poterit triangulus infinitus, et hos etiam sequemur. Alii qui unitatem infinitam figurare nisi sunt, deum circulum dixerunt infinitum. Illi vero qui actualissimam dei exsistentiam considerarunt, deum quasi sphaeram infinitam affirmarunt. Nos autem istos omnes simul de maximo recte concepisse et unam omnium sententiam ostendemus.

Capitulum XIII 35

De passionibus lineae maximae et infinitae

Dico igitur quod, si esset linea infinita, illa esset recta, illa esset triangulus, illa esset circulus et esset sphaera. Et

die endlichen mathematischen Figuren mit ihren Eigenschaften und Verhältnissen betrachten und entsprechend die Verhältnisse auf gleichartige unendliche Figuren übertragen. Dann aber müssen wir drittens die Verhältnisse der unendlichen Figuren im weiteren Aufstieg auf das unendlich Einfache in seiner Ablösung von aller Figürlichkeit übertragen. Erst dann wird unsere Unwissenheit in einer nicht begreifenden Weise belehrt werden, in Rätselbildern sich mühend, über das Höchste in einer richtigeren und wahreren Weise zu denken.

34 Indem wir so verfahren und uns bei diesem Beginnen
von der höchsten Wahrheit leiten lassen, stellen wir zunächst fest, was heilige und geistesgewaltige Männer an
Aussagen bei der Verwendung mathematischer Figuren gemacht haben. Der fromme Anselm hat die höchste Wahr- ×
heit mit der unendlichen Richtigkeit verglichen . Ihm
wollen wir folgen und uns der Figur der Geradheit (Richtigkeit) zuwenden, die ich mir als gerade Linie vorstelle.
Andere erfahrene Männer haben die hochgebenedeite ×
Dreifaltigkeit mit einem Dreieck aus drei gleichen und
rechten Winkeln verglichen. Da ein solches Dreieck, wie
gezeigt werden soll, notwendig aus unendlichen Seiten
besteht, so könnte man es unendliches Dreieck nennen.
Auch diesen wollen wir folgen. Wieder andere haben im ×
Bemühen um eine figürliche Darstellung der unendlichen
Einheit Gott als unendlichen Kreis bezeichnet. Diejenigen , ×
welche die absolute Wirklichkeit der Existenz Gottes zum
Gegenstand ihres Nachdenkens machten, haben schließlich
Gott gleichsam als unendliche Kugel betrachtet.

Wir wollen nun zeigen, daß sie alle vom Größten die rechte Auffassung hatten und daß sie alle dasselbe sagen wollten.

35 Kapitel 13

Die Eigenschaften der größten und unendlichen Linie

Ich stelle also die Behauptung auf: Gäbe es eine unendliche Linie, so wäre sie Gerade, Dreieck, Kreis und Kugel.

pariformiter si esset sphaera infinita, illa esset circulus, triangulus et linea. Et ita de triangulo infinito atque circulo infinito idem dicendum est.

Primum autem, quod linea infinita sit recta, patet: Diameter circuli est linea recta, et circumferentia est linea curva maior diametro. Si igitur curva linea in sua curvitate recipit minus, quanto circumferentia fuerit maioris circuli, igitur circumferentia maximi circuli, qui[1] maior esse non potest, est minime curva, quare maxime recta. Coincidit igitur cum maximo minimum, ita ut ad oculum videatur necessarium esse, quod maxima linea sit recta maxime et minime curva. Nec hic potest remanere scrupulus dubii, quando in figura hic lateraliter videtur, quomodo arcus *CD* maioris circuli plus recedit a curvitate quam arcus *EF* minoris circuli, et ille plus a curvitate recedit quam arcus *GH* adhuc minoris circuli; quare linea recta *AB* erit arcus maximi circuli, qui maior esse non potest. Et ita videtur quomodo maxima et infinita linea necessario est rectissima, cui curvitas non opponitur, immo curvitas in ipsa maxima linea est rectitudo. Et hoc est primum probandum.

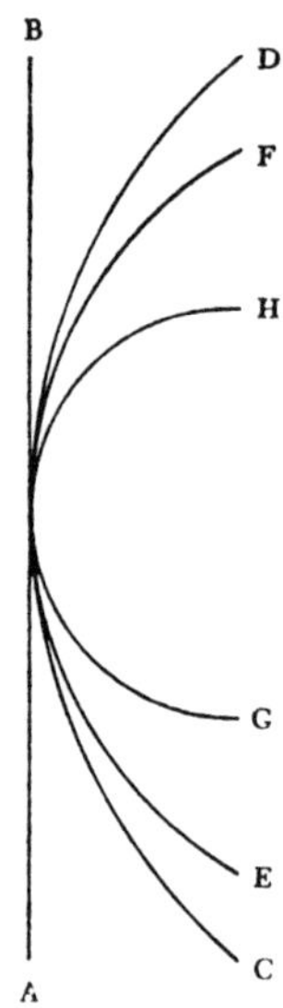

Secundo dictum est lineam infinitam 36
triangulum maximum, circulum et sphaeram. Et ad hoc ostendendum oportet, ut in finitis lineis videamus, quid sit in potentia finitae lineae. Et quia quidquid est in potentia finitae, hoc est infinita actu, erit nobis clarius id quod inquirimus.

[1] quae *T C Ta Pr J HK*

Ferner: Gäbe es eine unendliche Kugel, so wäre sie Kreis, Dreieck und Linie. Ebenso müßte die gleiche Aussage vom unendlichen Dreieck und dem unendlichen Kreis gemacht werden.

Der erste Satz, daß nämlich die unendliche Linie eine Gerade ist, ist in sich einleuchtend. Der Kreisdurchmesser ist eine Gerade, der Umfang ist eine Gekrümmte, die länger ist als der Durchmesser. Wenn nun die Krümmung der gekrümmten Linie um so geringer wird, je größer der Kreis wird, dessen Umfang sie ist, dann ist der Umfang des größtmöglichen Kreises am wenigsten gekrümmt, also vollständig gerade. Das Kleinste koinzidiert also mit dem Größten, so daß es geradezu augenscheinlich notwendig erscheint, daß die größte Linie im höchsten Maße gerade und im geringsten Maße gekrümmt ist. Hierüber kann nicht der geringste Zweifel bestehen bleiben, wenn man an nebenstehender Figur ersieht, wie der Bogen *CD* des größeren Kreises stärker in der Krümmung zurückgeht als der Bogen *EF* des kleineren Kreises, und dieser stärker in der Krümmung zurückgeht als der Bogen *GH* des noch kleineren Kreises. Die Gerade *AB* ist deshalb der Bogen des größtmöglichen Kreises. Auf diese Weise wird sichtbar, daß die größte und unendliche Linie notwendig völlig gerade ist und keinen Gegensatz zur Gekrümmtheit enthält. Vielmehr ist die Gekrümmtheit in der größten Linie eben Geradheit. Das ist der erste Beweis.

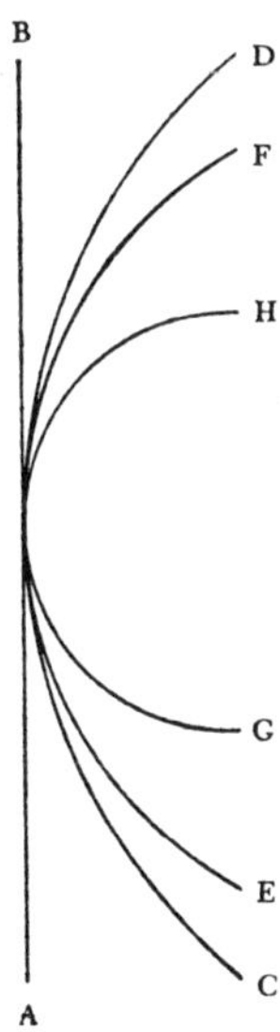

36 Zweitens war behauptet worden, die unendliche Linie sei größtes Dreieck, Kreis und Kugel. Um das zu zeigen, müssen wir an endlichen Linien betrachten, was der Möglichkeit nach in der endlichen Linie liegt. Da jedoch das, was der Möglichkeit nach in der endlichen Linie liegt, die unendliche Linie in Wirklichkeit ist, so wird uns auf diese Weise der Gegenstand unserer Untersuchung klarer werden.

Et primo scimus quod linea finita in longitudine potest esse longior et rectior, et iam probatum est maximam esse longissimam atque rectissimam. Secundo, si linea *AB* re-

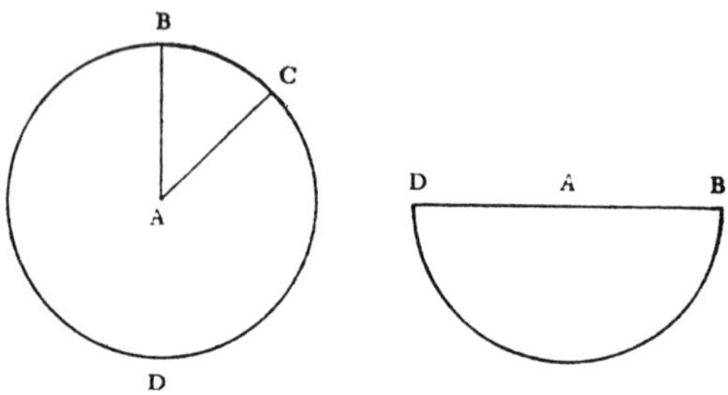

manente puncto *A* immobili circumduceretur, quousque *B* veniret in *C*, ortus est triangulus. Si perficitur circumductio, quousque *B* redeat ad initium ubi incepit, fit circulus. Si iterum *A* remanente immobili *B* circumducitur, quousque perveniat ad locum oppositum ubi incepit, qui sit *D*, est ex linea *AB* et *AD* effecta una continua linea et semicirculus descriptus. Et si remanente *BD*[2] diametro immobili circumducatur semicirculus, exoritur sphaera. Et ipsa sphaera est ultimum de potentia lineae, totaliter exsistens in actu, quoniam sphaera non est in potentia ad aliquam figuram ulteriorem. Si igitur in potentia lineae finitae sunt istae figurae, et linea infinita est omnia actu, ad quae finita est in potentia, sequitur infinitam esse triangulum, circulum et sphaeram. Quod erat probandum.

Et quia fortassis clarius hoc videre velles, quomodo ea, quae sunt in potentia finiti, est actu infinitum, adhuc de hoc te certissimum reddam.

[2] AD Σ

Zunächst wissen wir, daß die in der Länge begrenzte Linie länger und gerader sein kann. Es ist bereits bewiesen, daß die größte Linie die längste und geradeste ist. Wenn

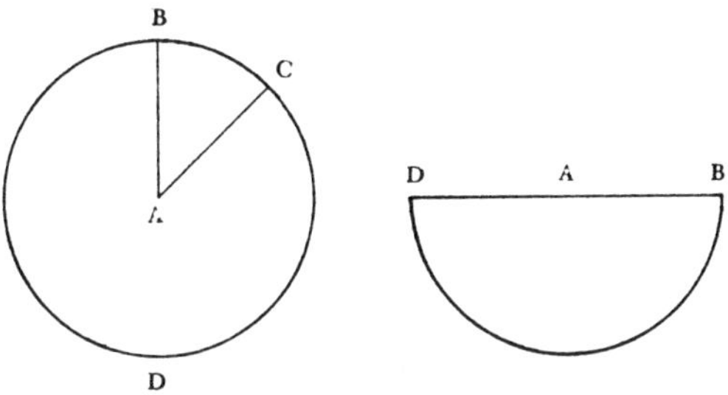

nun zweitens die Linie *AB* um den Drehpunkt *A* bewegt wird, bis *B* nach *C* kommt, so entsteht ein Dreieck. Wird die Drehung weitergeführt, bis *B* an seinen Ausgangspunkt zurückkehrt, so entsteht ein Kreis. Wird wiederum *B* um den unveränderlichen Drehpunkt *A* bewegt, bis es zu dem dem Ausgangspunkt entgegengesetzten Punkt *D* gelangt, so bilden die Linien *AB* und *AD* eine fortlaufende Gerade und *B* hat einen Halbkreis beschrieben. Durch Bewegung des Halbkreises um die feste Drehachse *BD* des Durchmessers entsteht dann eine Kugel. In der Kugel aber gelangt die Potenz der Linie zur vollen Entfaltung und in volle Aktualität, denn die Kugel ist nicht mehr in Potenz zu irgendeiner anderen Figur. Wenn nun in der Möglichkeit der begrenzten Linie all diese Figuren liegen, die unendliche Linie aber all das wirklich ist, was die endliche Linie der Möglichkeit nach ist, so folgt, daß die unendliche Linie Dreieck, Kreis und Kugel ist, was zu beweisen war.

Vielleicht möchtest du aber noch klarer sehen, daß das Unendliche das in Wirklichkeit ist, was in der Potenz des Endlichen liegt. Deshalb will ich dir darüber noch Gewißheit verschaffen.

Capitulum XIV 37

Quod infinita linea sit triangulus

Imaginativa, quae genus sensibilium non transcendit, non capit lineam posse triangulum esse, cum improportionabiliter ista in quantis differant. Erit tamen apud intellectum hoc facile. Nam iam constat non nisi unum possibile esse maximum et infinitum. Deinde constat, quoniam omnia duo latera cuiuslibet trianguli simul iuncta tertio minora esse non possunt, triangulum[1], cuius unum latus est infinitum, alia non esse minora. Et quia quaelibet pars infiniti est infinita, necessarium est omnem triangulum, cuius unum latus est infinitum, alia pariformiter esse infinita. Et quoniam plura infinita esse non possunt, transcendenter intelligis triangulum infinitum ex pluribus lineis componi non posse, licet sit maximus verissimus triangulus, incompositus et simplicissimus; et quia verissimus triangulus, qui sine tribus lineis esse nequit, erit necessarium ipsam unicam infinitam lineam esse tres et tres esse unam simplicissimam. Ita de angulis, quoniam non erit nisi angulus unus infinitus, et ille est tres anguli et tres anguli unus. Nec erit iste maximus triangulus ex lateribus et angulis compositus, sed unum et idem est linea infinita et angulus; ita quod et linea est angulus, quia triangulus linea.

Adhuc poteris te iuvare ad huius intelligentiam per 38
ascensionem a triangulo quanto ad non-quantum. Nam omnem triangulum quantum habere tres angulos aequales duobus rectis manifestum est. Et ita quanto unus angulus est maior, tanto alii minores. Et licet angulus unusquisque possit augeri usque ad duos rectos exclusive et non maxime

[1] trianguli *I C O Pr Tr Ta HK (Nicolaus accusativo limitationis utitur.)*

37 Kapitel 14

Die unendliche Linie ist Dreieck

Die Vorstellungskraft übersteigt den Bereich des Sinnenfälligen nicht. Sie vermag deshalb nicht zu begreifen, daß die Linie Dreieck sein kann, denn zwischen Linie und Dreieck bestehen solche Quantitätsunterschiede, daß sie nicht in Proportion zueinander gesetzt werden können. Für die Vernunft jedoch macht das keine Schwierigkeiten. Es steht ja bereits fest, daß es nur ein Größtes und Unend- × liches geben kann. Da die Summe zweier Seiten eines beliebigen Dreiecks nicht kleiner sein kann als die dritte, so steht ferner fest, daß bei einem Dreieck mit einer unendlichen Seite die beiden anderen nicht kleiner sind. Da jeder Teil des Unendlichen unendlich ist, so müssen bei jedem Dreieck, dessen eine Seite unendlich ist, auch die anderen unendlich sein. Da es aber mehrere Unendliche nicht geben kann, so erkennst du im Übersteig, daß sich × ein unendliches Dreieck nicht aus mehreren Linien zusammensetzen kann, sofern es wirklich das größte, schlechthin wahre, das unzusammengesetzt einfache Dreieck ist. Weil es aber das schlechthin wahre Dreieck ist, das ohne drei Linien nicht zu bestehen vermag, so muß die eine unendliche Linie drei sein, und die drei müssen eine einzige schlechthin einfache Linie sein. Dasselbe gilt von den Winkeln. Da es ja nur einen unendlichen Winkel gibt, ist jener drei Winkel, und die drei Winkel sind einer. Dieses größte Dreieck setzt sich nicht aus Seiten und Winkeln zusammen, vielmehr ist die unendliche Linie und der unendliche Winkel ein und dasselbe, so daß die Linie Winkel ist, weil das Dreieck Linie ist.

38 Für die Einsicht in diesen Sachverhalt kannst du ferner zu deiner Unterstützung vom quantitativ bestimmten Dreieck aufsteigen zum quantitativ nicht-bestimmten. Daß jedes quantitativ bestimmte Dreieck drei Winkel besitzt, die zwei rechten gleich sind, ist bekannt. Je größer also ein × Winkel ist, desto kleiner sind die anderen. Gemäß unserem ersten Grundsatz kann jeder der drei Winkel wachsen bis

secundum principium primum nostrum, admittamus tamen quod maxime augeatur usque ad duos rectos inclusive triangulo permanente. Tunc est manifestum triangulum unum angulum habere, qui est tres, et tres esse unum.

39 Pariformiter videre poteris triangulum lineam esse, quoniam cum omnia duo latera trianguli quanti sint simul iuncta tanto tertio longiora, quanto angulus quem faciunt est duobus rectis minor, ut angulus *BAC* quia duobus rectis multo est minor, hinc lineae *BA* et *AC* simul iunctae multo longiores *BC*. Igitur quanto angulus ille maior fuerit, ut *BDC*, tanto minus vincunt lineae *BD* et *DC* lineam *BC*, et superficies minor. Quare si per positionem angulus valeret duos rectos, resolveretur in lineam simplicem totus triangulus.

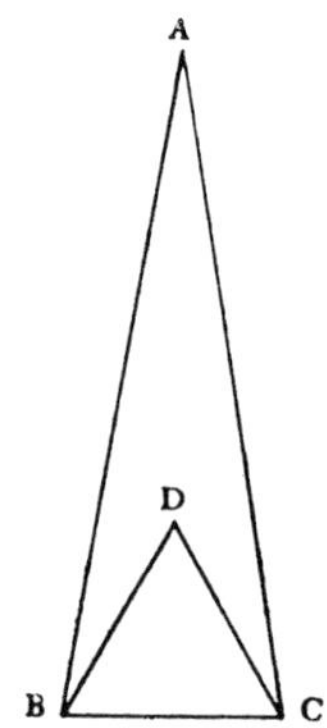

Unde cum hac positione, quae in quantis impossibilis est, iuvare te potes ad non-quanta ascendendo, in quibus, quod in quantis est impossibile, vides per omnia necessarium. Et in hoc patet lineam esse infinitam triangulum maximum. Quod erat ostendendum.

an die Grenze von zwei Rechten, aber nicht bis zur Erfüllung. Nehmen wir aber an, er wachse bis zur vollen Gleichheit mit zwei rechten und das Dreieck bleibe doch dabei bestehen, dann ist klar, daß das Dreieck nur einen Winkel hat, der drei ist und die drei sind einer.

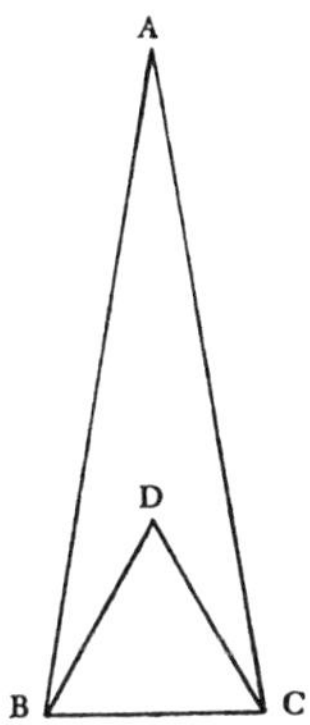

39 In gleicher Weise kannst du ersehen, daß das Dreieck Linie ist. Beim quantitativ bestimmten Dreieck ist die Summe zweier Seiten gegenüber der dritten Seite umso größer, je kleiner im Verhältnis zu zwei rechten der Winkel ist, den sie bilden. Da der Winkel *BAC* viel kleiner ist als zwei rechte, so ist die Summe der Linien *BA* und *AC* viel größer als *BC*. Je größer nun dieser Winkel wird, etwa *BDC*, desto weniger überschreitet die Summe der Linien *BD* und *DC* die Linie *BC* und desto geringer wird die Fläche des Dreiecks. Nehmen wir nun an, der Winkel sci gleich zwei Rechten, so würde sich das ganze Dreieck in eine einfache Linie auflösen. ×

Mit dieser Annahme, die bei quantitativ bestimmten Dreiecken unmöglich ist, kannst du dir also eine Stütze bereiten beim Aufstieg zu den quantitativ nicht-bestimmten Dreiecken. Bei diesen erschaust du das als unbedingt notwendig, was bei den quantitativ bestimmten unmöglich ist. Damit wird ersichtlich, daß die unendliche Linie das größte Dreieck ist, was zu zeigen war.

Capitulum XV 40

Quod ille triangulus sit circulus et sphaera

Deinde clarius videbitur triangulum esse circulum. Nam sit triangulus *ABC* causatus per positionem per circumductionem lineae *AB*, quousque *B* venit in *C*, *A* fixo remanente. Non habet dubium, quando linea *AB* esset infinita et penitus circumduceretur *B*, quousque rediret ad initium, circulum maximum causari, cuius *BC* est portio. Et quia est portio arcus infiniti, tunc est linea recta *BC*. Et quoniam omnis pars infiniti est infinita, igitur *BC* non est minor integro arcu circumferentiae infinitae. Erit igitur *BC* non tantum portio sed completissima circumferentia. Quare necessarium est triangulum *ABC* esse circulum maximum.

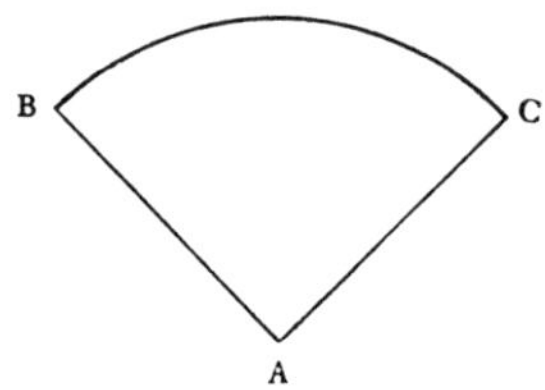

Et quia *BC* circumferentia est linea recta, non est maior *AB* infinitae, cum infinito non sit maius. Nec sunt duae lineae, quia duo infinita esse non possunt. Quare linea infinita quae est triangulus est etiam circulus. Quod fuit propositum.

Adhuc quod linea infinita sit sphaera, ita manifestissimum 41
fit[1]. Linea *AB* est circumferentia maximi circuli, immo et circulus, ut iam probatum est. Et est in triangulo de *B* ducta in *C*, ut supra dictum est. Sed *BC* est infinita linea, ut etiam statim probatum est. Quare *AB* rediit in *C* supra se reditione completa. Et quando hoc est, sequitur sphaeram necessario exortam ex tali revolutione circuli supra se. Et quia supra probatum est *ABC* esse circulum, triangulum et lineam, habemus nunc probatum esse etiam sphaeram. Et ista sunt, quae investigare proposuimus.

[1] sit *M S Tr V* fiet *Pr*

40 Kapitel 15

Jenes Dreieck ist Kreis und Kugel

Nun läßt sich klarer sehen, daß das Dreieck Kreis ist. Angenommen, das Dreieck *ABC* sei dadurch entstanden, daß die Linie *AB* um den Fixpunkt *A* so lange gedreht würde, bis *B* nach *C* kommt. Wäre dann die Linie *AB* unendlich und die Umdrehung von *B* bis zum Ausgangspunkt ganz durchgeführt, so würde zweifellos der größte Kreis entstehen.

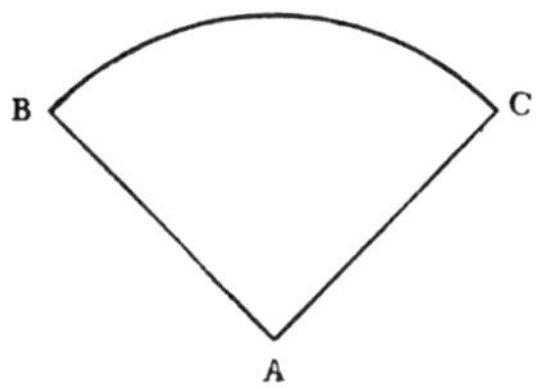

Von diesem Kreis wäre *BC* ein Ausschnitt. Und als Ausschnitt eines unendlichen Bogens ist dann *BC* eine Gerade. Da ferner jeder Teil eines Unendlichen unendlich ist, so ist *BC* nicht kleiner als der ganze Bogen des unendlichen Umfangs. Damit ist *BC* nicht allein Kreisausschnitt, sondern vollständiger Umfang, also muß das Dreieck *ABC* der größte Kreis sein.

Und da *BC* als Umfang eine Gerade ist, so ist er nicht größer als die unendliche Linie *AB*, da nichts größer sein kann als das Unendliche. Es handelt sich aber auch nicht um zwei Linien, da es zwei Unendliche nicht geben kann. Folglich ist die unendliche Linie, die Dreieck ist, auch Kreis. Das eben war behauptet worden.

41 Daß aber ferner die unendliche Linie Kugel ist, wird auf folgende Weise ganz deutlich. Die Linie *AB* ist Umfang des größten Kreises, ja selbst Kreis, wie schon bewiesen. Sie ist Linie im Dreieck, geführt von *B* nach *C*, wie oben gesagt. *BC* ist jedoch unendliche Linie, wie ebenfalls eben bewiesen wurde. *AB* kehrte also nach einem vollständigen Umlauf nach *C* zurück. Wenn dem so ist, so folgt, daß notwendig eine Kugel entstanden ist aus einer derartigen Umdrehung des Kreises um sich selbst. Nachdem oben bewiesen wurde, daß *ABC* Kreis, Dreieck und Linie ist, so haben wir jetzt den Beweis, daß es auch Kugel ist. Das aber ist es, was wir untersuchen wollten.

Capitulum XVI 42

Quomodo translative maximum se habeat ad omnia sicut maxima linea ad lineas

Postquam nunc manifestum est quomodo infinita linea est omnia illa actu infinite, quae in potentia sunt finitae, habemus translative in maximo simplici pariformiter quomodo ipsum maximum est actu maxime omnia illa, quae in potentia sunt simplicitatis absolutae. Quidquid enim possibile est, hoc est actu ipsum maximum maxime, non ut ex possibili est, sed ut maxime est, sicuti ex linea triangulus educitur, et infinita linea non est triangulus, ut ex finita educitur, sed actu est triangulus infinitus, qui est idem cum linea. Praeterea ipsa possibilitas absoluta non est aliud in maximo quam ipsum maximum actu, sicut linea infinita est actu sphaera. Secus in non-maximo. Nam ibi potentia non est actus, sicut linea finita non est triangulus.

Unde hic videtur magna speculatio, quae de maximo ex 43
isto trahi potest: quomodo ipsum est tale, quod minimum est in ipso maximum, ita quod penitus omnem oppositionem per infinitum supergreditur. Ex quo principio possent de ipso tot negativae veritates elici, quot scribi aut legi possent. Immo omnis theologia per nos apprehensibilis ex hoc tanto principio elicitur. Propter quod maximus ille divinorum scrutator Dionysius Areopagites in Mystica sua theologia dicit beatissimum Bartholomaeum «mirifice intellexisse» theologiam, qui aiebat eam maximam pariter et minimam. Qui hoc enim intelligit, omnia intelligit; omnem

42 Kapitel 16

Wie die größte Linie zu den Linien, so verhält sich übertragenerweise das Größte zu allem

Die Erkenntnis, daß die unendliche Linie all das in unendlicher Weise wirklich ist, was in der Möglichkeit der endlichen Linie liegt, können wir nun entsprechend auf das einfach Größte übertragen. Das Größte ist in vollendeter Wirklichkeit all das, was in der Möglichkeit der absoluten Einfachheit liegt. Was nur immer möglich ist, das ist das Größte in vollendeter Wirklichkeit, nicht insofern es aus der Möglichkeit heraus wirklich ist, sondern insofern es in vollendeter Weise wirklich ist. So wie aus der Linie das Dreieck erzeugt wird, die unendliche Linie aber nicht Dreieck ist, wie es aus der endlichen Linie erzeugt wird, sondern sie ist wirklich unendliches Dreieck, das mit der Linie identisch ist. Ferner ist die absolute Möglichkeit im Größten nichts anderes als das Größte selbst in seiner Wirklichkeit, so wie die unendliche Linie wirklich Kugel ist. Ganz anders verhalten sich die Dinge beim Nichtgrößten. Dort ist die Möglichkeit nicht Wirklichkeit, so wie die endliche Linie nicht Dreieck ist.

43 Aus diesen Überlegungen leuchtet nun eine gewaltige Erkenntnis auf, die sich aus ihnen für das Größte gewinnen läßt. Es erweist sich nämlich als so geartet, daß in ihm das Kleinste das Größte ist, so daß es im unendlichen Abstand völlig über allen Gegensätzen steht. Aus dieser Grundwahrheit ließen sich über das Größte so viele negative Erkenntnisse ableiten, wie man nur immer schreiben oder lesen mag; ja die gesamte Theologie, soweit sie für uns faßbar ist, läßt sich aus dieser wichtigen Grunderkenntnis ableiten. Das ist auch der Grund, warum der große Gottsucher Dionysius der Areopagite in seiner Mystischen Theologie schreibt , der heilige Bartholomäus „zeige ein meisterhaftes Verständnis“ für die Theologie, wenn er sie zugleich die größte und die kleinste nannte. Wer nämlich das erkennt, erkennt alles und erhebt sich über jede geschöpf-

intellectum creatum ille supergreditur. Deus enim, qui est hoc ipsum maximum, ut idem Dionysius De divinis nominibus dicit, «non istud quidem est et aliud non est, neque alicubi est et alicubi non». Nam sicut omnia est, ita quidem et nihil omnium. Nam - ut idem in fine Mysticae theologiae concludit - tunc «ipse super omnem positionem est perfecta et singularis omnium causa, et super ablationem omnium est excellentia illius, qui simpliciter absolutus ab omnibus et ultra omnia est». Hinc concludit in Epistula ad Gaium ipsum «super omnem mentem atque intelligentiam» nosci.

Et ad hoc concordanter ait Rabbi Salomon omnes sapien- 44
tes convenisse, «quod scientiae non apprehendunt creatorem; et non apprehendit quid[1] est nisi ipse; et apprehensio nostra respectu ipsius est defectus appropinquandi apprehensioni eius». Et propterea idem alibi concludens dicit: «Laudetur creator, in cuius essentiae comprehensione inquisitio scientiarum abbreviatur et . . . sapientia ignorantia reputatur et . . . elegantia verborum fatuitas.» Et ista est illa docta ignorantia quam inquirimus, per quam Dionysius ipsum solum inveniri posse non alio arbitror principio quam praefato multipliciter ostendere nisus est.

Sit igitur nostra speculatio, quam ex isto, quod infinita 45
curvitas est infinita rectitudo, elicimus, transumptive in maximo de simplicissima et infinitissima eius essentia, quomodo[2] ipsa est omnium essentiarum simplicissima essentia; ac quomodo omnes rerum essentiae quae sunt, fuerunt aut erunt, actu semper et aeternaliter sunt in ipsa ipsa essentia, et ita omnes essentiae sicut ipsa omnium essentia; ac quomodo ipsa omnium essentia ita est quaelibet quod simul omnes et nulla singulariter; ac quomodo ipsa maxima essentia, uti

[1] quod *I T*
[2] quoniam *I T*

liche Vernunft. Wie derselbe Dionysius in der Schrift Von den göttlichen Namen sagt , ist Gott, der dieses Größte ist, „nicht dieses, jenes aber nicht, noch ist er irgendwo und anderswo nicht“. Wie er nämlich alles ist, so ist er keines von allem. „Er ist über alle positiven Aussagen hinaus die vollkommene und einzigartige Ursache von allem“, wie derselbe Dionysius am Ende der Mystischen Theologie abschließend sagt . „Und über die Negation aller Dinge hinaus ragt die Erhabenheit dessen, der schlechthin unabhängig von allem und über allem ist.“ Daher kommt er im Briefe an Gajus zu dem Schluß, er werde „über allem menschlichen Verstand und über aller Einsicht“ erkannt.

44 In Übereinstimmung damit sagt Rabbi Salomon , alle Weisen stimmten darin überein, „daß Wissen den Schöpfer nicht erfasse, und daß nur er sein Wesen erfaßt. Unser Erfassen ihm gegenüber ist ein Versagen im Bemühen, uns seiner Erfassung zu nähern.“ Diese Überlegungen lassen ihn anderswo zu dem Schluß kommen: „Gepriesen sei der Schöpfer. In der Erfassung seines Wesens wird der Forschungsweg der Wissenschaften abgekürzt, ... die Weisheit als Unwissenheit erfunden und ... das gewandte Spiel der Worte als Gerede.“ Das ist jene belehrte Unwissenheit, die wir suchen. Daß Gott nur durch sie gefunden werden könne, das bemüht sich Dionysius immer wieder zu zeigen, und zwar wohl nach keinem anderen Grundsatz als dem oben erwähnten.

45 Unsere Betrachtung, die wir daraus gewinnen, daß die unendliche Gekrümmtheit unendliche Geradheit ist, soll nun in übertragener Weise beim Größten, und zwar auf seiner völlig einfachen und unendlichen Wesenheit verweilen und erkennen, daß sie die absolut einfache Wesenheit aller Wesenheiten ist; daß alle Wesenheiten der Dinge, die sind, waren oder sein werden, in ihr immer und ewig wirklich sind als die Wesenheit selbst, und daß alle Wesenheiten insofern sind, als sie die Wesenheit von allem ist; daß sie als Wesenheit von allem jede einzelne Wesenheit in der Weise ist, daß sie zugleich alle Wesenheiten ist und keine im besonderen; daß die vollendete Wesenheit, so wie

infinita linea est omnium linearum adaequatissima mensura, pariformiter est omnium essentiarum adaequatissima mensura.

Maximum enim, cui non opponitur minimum, necessario omnium est adaequatissima mensura, non maior quia minimum, non minor quia maximum. Omne autem mensurabile cadit inter maximum et minimum. Est igitur adaequatissima et praecisissima omnium essentiarum mensura infinita essentia.

Et adhuc, ut hoc clarius videas, considera, si linea infi- 46
nita constitueretur ex infinitis pedalibus et alia ex infinitis bipedalibus, illas nihilominus aequales esse necesse esset, cum infinitum non sit maius infinito. Sicut igitur unus pes non est minor in linea infinita quam duo pedes, ita infinita linea non est maior plus uno pede quam duobus. Immo cum quaelibet pars infiniti sit infinita, tunc unus pes lineae infinitae ita cum tota infinita convertitur sicut duo pedes.

Pariformiter, cum omnis essentia in maxima sit ipsa maxima, non est maximum nisi adaequatissima mensura omnium essentiarum, neque reperitur alia praecisa mensura cuiuscumque essentiae quam illa. Nam omnes aliae deficiunt et praecisiores esse possunt, ut hoc superius est clarissime ostensum.

Capitulum XVII 47

Ex eodem profundissimae doctrinae

Adhuc circa idem: Linea finita est divisibilis et infinita indivisibilis, quia infinitum non habet partes, in quo maximum coincidit cum minimo. Sed finita linea non est divisi-

die unendliche Linie das adäquate Maß für alle Linien ist, in gleicher Weise adäquates Maß für alle Wesenheiten ist.

Das Größte, zu dem das Kleinste keinen Gegensatz bildet, ist nämlich notwendig das adäquate Maß von allem. Es ist nicht größer, da es das Kleinste ist, und es ist nicht kleiner, weil es das Größte ist. Alles Meßbare aber fällt zwischen das Größte und das Kleinste. Die unendliche Wesenheit ist somit das adäquate und genaue Maß für alle Wesenheiten.

46 Um das noch deutlicher zu ersehen, stelle auch noch folgende Überlegung an. Würde eine unendliche Linie aus unendlich vielen Teilstrecken von der Länge eines Fußes gebildet werden und eine andere aus einer unendlichen Anzahl von Teilstrecken von zwei Fuß Länge, so müßten die beiden unendlichen Linien nichtsdestoweniger gleich sein, da Unendliches nicht größer ist als Unendliches. Wie also in der unendlichen Linie ein Fuß nicht kleiner ist als zwei Fuß, so ist die unendliche Linie nicht größer, ob ihr ein oder zwei Fuß hinzugefügt werden. Da vielmehr jeder Teil des Unendlichen unendlich ist, so läßt sich ein Fuß der unendlichen Linie ebenso gut für die ganze Linie setzen wie zwei Fuß.

Da des weiteren jede Wesenheit in der größten Wesenheit die größte Wesenheit selbst ist, so ist das Größte allein das adäquate Maß aller Wesenheiten, und es findet sich kein anderes genaueres Maß für irgendeine Wesenheit als die größte Wesenheit. Alle anderen nämlich sind mangelhaft und könnten genauer sein, wie das oben eindeutig ×
gezeigt worden ist.

47 Kapitel 17

Tiefschürfende Erkenntnisse als Folgerungen

Noch eine Bemerkung zum gleichen Thema. Die endliche Linie ist teilbar, die unendliche Linie unteilbar. Denn das Unendliche, bei dem Größtes und Kleinstes zusammenfallen, hat keine Teile. Doch die endliche Linie ist nicht in

bilis in non-lineam, quoniam in magnitudine non devenitur ad minimum, quo minus esse non possit, ut superius est ostensum. Quare finita linea in ratione lineae est indivisibilis. Pedalis linea non est minus linea quam cubitalis. Relinquitur ergo quod infinita linea sit ratio lineae finitae. Ita maximum simpliciter est omnium ratio. Ratio autem est mensura. Quare recte ait Aristoteles in Metaphysicis primum esse metrum et mensuram omnium, quia omnium ratio.

Adhuc: Sicut linea infinita est indivisibilis, quae est ratio **48**
lineae finitae, et per consequens immutabilis et perpetua, ita et ratio omnium rerum, quae est deus benedictus, sempiterna et immutabilis est. Et in hoc aperitur intellectus magni Dionysii dicentis essentiam rerum incorruptibilem et aliorum, qui rationem rerum aeternam dixerunt, sicut ipse divinus Plato, qui, ut refert Chalcidius, in Phaedone[1] dixit unum esse omnium rerum exemplar sive ideam, uti in se est, in respectu vero rerum, quae plures sunt, plura videntur exemplaria. Nam cum lineam bipedalem et aliam tripedalem et sic deinceps considero, duo occurrunt scilicet ratio lineae, quae est in utraque et omnibus una et aequalis, et diversitas, quae est inter bipedalem et tripedalem. Et ita alia videtur ratio bipedalis et alia tripedalis. Manifestum autem est in infinita linea non esse aliam bipedalem et tripedalem. Et illa est ratio finitae. Unde ratio est una ambarum linearum, et diversitas rerum sive linearum non est ex diversitate rationis quae est una, sed ex accidenti, quia

[1] phedame *Pr* phedrone *ceteri*

etwas teilbar, was nicht Linie ist, da man bei der Größe nicht zu einem Kleinsten kommt, zu dem es kein noch Kleineres geben könnte, wie oben gezeigt wurde. Die endliche Linie ist also dem Begriff der Linie nach unteilbar. Eine Linie von einem Fuß Länge ist nicht weniger Linie als eine solche von einer Elle. Dann muß folglich die unendliche Linie der Wesensgrund der endlichen Linie sein. So ist das schlechthin Größte der Wesensgrund von allem. Der Wesensgrund aber ist das Maß. Mit Recht erklärt darum Aristoteles in der Metaphysik, das Erste sei Maß ×
und Maßstab von allem, da es der Wesensgrund von allem ist.

48 Wie ferner die unendliche Linie, welche Wesensgrund der endlichen Linie ist, unteilbar und folglich unveränderlich und bleibend ist, so ist der Wesensgrund aller Dinge, der gebenedeite Gott, ewig und unveränderlich. Und hiermit öffnet sich nun die Einsicht für das Wort des großen Dionysius von der Unveränderlichkeit des Wesens der Dinge, und ebenso für die Aussagen derer, welche den ×
Wesensgrund der Dinge als ewig bezeichneten. Zu ihnen gehört der gottbegnadete Platon selbst, der nach dem Bericht des Chalcidius im Phaidon erklärte, es gebe für alle ×
Dinge nur ein Urbild, die Idee, wie sie an sich ist. Im Hinblick auf die Vielzahl der Dinge freilich scheint es mehrere Urbilder zu geben. Wenn ich nämlich eine Linie von zwei Fuß Länge betrachte und eine andere von drei Fuß usw., so fällt mir zweierlei auf: der Wesensbegriff der Linie, der in beiden und in allen Linien einer und derselbe ist und die Verschiedenheit, die zwischen der Linie von zwei Fuß und der von drei Fuß herrscht. Demgemäß scheint mir der Wesensbegriff der Linie von zwei Fuß Länge verschieden von dem der Linie von drei Fuß Länge. Es ist aber klar, daß in der unendlichen Linie die Linie von zwei Fuß Länge nicht verschieden ist von der von drei Fuß Länge. Diese unendliche Linie ist der Wesensgrund der endlichen. Darum ist der Wesensgrund beider Linien nur einer, und die Verschiedenheit der Dinge und der Linien rührt nicht von einer Verschiedenheit des Wesensgrundes, der nur einer ist, sondern von Zufälligkeiten her,

non aeque rationem participant. Unde non est nisi una omnium ratio, quae diversimode participatur.

Quod autem diversimode participetur, hoc evenit, quia 49
probatum est superius non posse esse duo aeque similia et per consequens praecise aequaliter participantia unam rationem. Nam non est ratio in summa aequalitate participabilis nisi per maximum, quod est ipsa ratio infinita. Sicut non est nisi una unitas maxima, ita non potest esse nisi una unitatis aequalitas. Quae quia est aequalitas maxima, est ratio omnium. Sicut enim non est nisi una linea infinita, quae est ratio omnium finitarum, et per hoc quod finita linea cadit necessario ab ipsa, quae est infinita, tunc etiam per hoc non potest esse sui ipsius ratio, sicut non potest esse finita pariter et infinita. Unde sicut nullae duae lineae finitae possunt esse praecise aequales, cum praecisa aequalitas quae est maxima non sit nisi ipsum maximum, ita etiam non reperiuntur duae lineae aequaliter rationem unam omnium participantes.

Praeterea: Linea infinita non est maior in bipedali quam 50
bipedalis neque minor, ut superius dictum est; et ita de tripedali et ultra. Et cum sit indivisibilis et una, est tota in qualibet finita. Sed non est tota in qualibet finita secundum participationem et finitationem, alioquin quando esset tota in bipedali, non posset esse in tripedali, sicut bipedalis non est tripedalis. Quare est ita tota in qualibet, quod est in nulla, ut una est ab aliis distincta per finitationem.

Est igitur linea infinita in qualibet linea tota, ita quod quaelibet in ipsa. Et hoc quidem coniunctim considerandum est, et clare videtur quomodo maximum est in qualibet

weil sie eben nicht in gleicher Weise am Wesensgrund teilhaben. Es gibt somit nur einen Wesensgrund aller Dinge, die an ihm in verschiedener Weise teilhaben.

49 Die Verschiedenheit der Teilhabe rührt aber daher, daß, wie oben bewiesen wurde, nicht zwei Dinge völlig gleich × sein und darum nicht in völlig gleicher Weise an einem Wesensgrund teilhaben können. Denn in völliger Gleichheit ist eine Teilhabe am Wesensgrund nur dem Größten möglich, das der unendliche Wesensgrund selbst ist. Wie es eben nur eine größte Einheit gibt, so kann es auch nur eine Gleichheit mit der Einheit geben, die als die größte Gleichheit der Wesensgrund von allem ist. Wie es nämlich nur eine unendliche Linie gibt, die Wesensgrund aller endlichen Linien ist, und weil die endliche Linie notwendig hinter ihr, der unendlichen, zurückbleibt, aus demselben Grund kann die endliche Linie nicht ihr eigener Wesensgrund sein, so wenig wie sie zugleich endlich und unendlich sein kann. Wie nun also nicht zwei endliche Linien völlig gleich sein können, da die völlige Gleichheit, welche größte Gleichheit ist, nur das Größte selbst ist, so finden sich auch nicht zwei Linien, die in gleicher Weise am einen Wesensgrund aller Dinge teilhaben.

50 Ferner ist die unendliche Linie in der Linie von zwei Fuß Länge weder größer noch kleiner als eben zwei Fuß, wie oben gesagt. Dasselbe gilt von der Linie von drei Fuß Länge usw. Und da die unendliche Linie eine unteilbare Einheit ist, so ist sie ganz in jeder beliebigen endlichen Linie. Sie ist aber nicht ganz in jeder beliebigen endlichen Linie nach dem Maß der Teilhabe und Begrenzung, sonst könnte sie, wenn sie ganz in der Linie von zwei Fuß Länge wäre, nicht auch in der Linie von drei Fuß sein, ebenso wie die Linie von zwei Fuß Länge nicht eine von drei Fuß ist. Sie ist also derart in jeder beliebigen endlichen Linie ganz, daß sie insofern in keiner ist, als die eine von den anderen sich durch ihre Begrenztheit unterscheidet.

Die unendliche Linie ist demnach so in jeder beliebigen Linie ganz, daß jede in ihr ist. Diese beiden Bezüge muß man bei der Betrachtung im Auge behalten, um klar zu sehen, daß das Größte in jedem beliebigen Gegenstand ist

re et in nulla. Et hoc non est aliud nisi maximum, cum sit eadem ratione in qualibet re, sicut quaelibet res in ipso, et sit metipsa ratio, quod tunc maximum sit in se ipso. Non est ergo aliud maximum esse metrum et mensuram omnium quam maximum simpliciter esse in se ipso sive maximum esse maximum. Nulla igitur res est in se ipsa nisi maximum, et omnis res ut in sua ratione est in se ipsa, quia sua ratio[2] est maximum.

Ex his quidem potest se intellectus iuvare et in simili- 51
tudine[3] lineae infinitae ad maximum simpliciter super omnem intellectum in sacra ignorantia plurimum proficere. Nam hic nunc clare vidimus, quomodo deum per remotionem participationis entium invenimus. Omnia enim entia entitatem participant. Sublata igitur ab omnibus entibus participatione remanet ipsa simplicissima entitas, quae est essentia omnium. Et non conspicimus ipsam talem entitatem nisi in doctissima ignorantia, quoniam cum omnia participantia entitatem ab animo removeo, nihil remanere videtur. Et propterea magnus Dionysius dicit intellectum dei magis accedere «ad nihil quam ad aliquid». Sacra autem ignorantia me instruit hoc, quod intellectui nihil videtur, esse maximum incomprehensibile.

Capitulum XVIII 52

Quomodo ex eodem manuducimur ad intellectum participationis entitatis

Amplius: Non satiabilis noster intellectus cum maxima suavitate vigilanter per praemissa incitatus inquirit, quomodo hanc participationem unius maximi possit clarius intueri. Et iterum exemplo infinitae rectitudinis linealis se iuvans ait:

[2] ratio *I S, (ex* ratione *corr.) C* ratione *reliqui*
[3] similitudinem *I*

und in keinem. Diese Verhältnisse gelten für nichts anderes als nur für das Größte. Es ist aus demselben Grunde in jedem Gegenstand, wie jeder Gegenstand in ihm, und es ist selbst der Grund dafür, daß dann das Größte in sich selbst ist. Es sind keine verschiedenen Aussagen, wenn man behauptet, das Größte sei das Maß und der Maßstab von allem, und das schlechthin Größte sei in sich, d. h. das Größte sei das Größte. Kein Ding ist also in sich selbst als nur das Größte. Jedes Ding ist in sich selbst als in seinem Wesensgrund, denn sein Wesensgrund ist das Größte.

51 Aus solchen Überlegungen kann die Vernunft eine Hilfe gewinnen und über alles vernunftmäßige Erkennen hinaus in heiligem Nichtwissen an Hand des Vergleichs mit der unendlichen Linie zum schlechthin Größten ein weites Stück voranschreiten. Hier haben wir ja deutlich gesehen, daß wir Gott finden, wenn wir die Teilhabe der endlichen Dinge wegstreichen. Alles Seiende hat ja an der Seiendheit teil. Streichen wir den Teilhabecharakter von allem Seienden, so bleibt die einfache Seiendheit, welche das Wesen von allem ist. Diese Seiendheit erschauen wir nur in der belehrten Unwissenheit. Denn wenn ich alles, was an der Seiendheit teilhat, wegdenke, so scheint nichts übrigzubleiben. Deshalb erklärt der große Dionysius, die Gotteserkenntnis ×
führe mehr „auf das Nichts hin als auf ein Etwas". Die heilige Unwissenheit aber belehrt mich, daß das, was der Vernunft als Nichts erscheint, das unbegreiflich Größte ist.

52

Kapitel 18

Der gleiche Grundsatz führt uns zum Verständnis der Teilhabe an der Seiendheit

Die Unersättlichkeit unseres Geistes ist durch das Wohlgefallen an diesen Erörterungen wach geworden. Und durch sie angeregt, stellt er die Frage, wie sich diese Teilhabe am einen Größten noch klarer erschauen lasse. Indem er sich wiederum des Beispiels der unendlichen linearen Geradheit bedient, erklärt er:

Non est possibile curvum, quod recipit magis et minus, esse maximum aut minimum. Neque curvum ut curvum est aliquid, quoniam est casus[1] a recto. Esse igitur, quod in curvo est, est ex participatione rectitudinis, cum maxime et minime curvum non sit nisi rectum. Quare quanto curvum est minus curvum, ut est circumferentia maioris circuli, tanto plus participat de rectitudine, non quod partem capiat, quia rectitudo infinita est impartibilis, sed linea recta finita quanto maior, tanto videtur plus participare de infinitate lineae infinitae maximae. Et sicut finita recta in hoc quod recta, in quod quidem rectum curvitas minima resolvitur, secundum simpliciorem participationem participat infinitam, et curvum non ita simplicem et immediatam sed potius mediatam et distantem, quoniam per medium rectitudinis quam participat, ita aliqua sunt entia immediatius entitatem maximam in se ipso subsistentem participantia, ut sunt simplices finitae substantiae, et sunt alia entia non per se, sed per medium substantiarum entitatem participantia, ut accidentia. Unde illa diversa participatione non obstante adhuc, ut ait Aristoteles, rectum est sui et obliqui mensura; sicuti infinita linea lineae rectae et curvae, ita maximum omnium qualitercumque diversimode participantium.

Et in hoc aperitur intellectus illius, quod dicitur substan- 53
tiam non capere magis nec minus. Nam hoc est ita verum, sicut linea recta finita in eo quod recta non suscipit magis et minus; sed quia finita, tunc per diversam participationem infinitae una respectu alterius maior aut minor est, nec umquam duae reperiuntur aequales. Curvum vero quoad participationem rectitudinis recipit magis et minus. Et consequenter per ipsam participatam rectitudinem sicut rectum

[1] est casus: esse capit *I*

Das Krumme, das ein Mehr oder Weniger zuläßt, kann nicht das Größte oder das Kleinste sein. Überhaupt ist das Gekrümmte als solches nicht etwas, da es ein Abweichen vom Geraden ist. Das Sein, das im Gekrümmten liegt, stammt aus der Teilhabe am Geraden, da das am meisten und am wenigsten Gekrümmte eben das Gerade ist. Je weniger deshalb das Gekrümmte gekrümmt ist — man denke an den Umfang des größeren Kreises —, desto mehr hat es an der Geradheit teil; nicht als ob es einen Teil davon ergriffe, denn die unendliche Geradheit ist ja unteilbar, aber die endliche gerade Linie scheint, je größer sie ist, um so mehr an der Unendlichkeit der unendlich größten Linie teilzuhaben. Und wie nun die endliche Gerade, insofern sie gerade ist — auf dieses Geradesein führt das geringste Gekrümmtsein hin —, in einer einfacheren Form der Teilhabe an der unendlichen Geraden teilhat, die gekrümmte aber nicht in dieser einfachen und unmittelbaren Weise, sondern mehr mittelbar und indirekt, da nur mittels der Geraden, an der sie selbst teilhat, so gibt es Seiendes, das ziemlich unmittelbar an der größten in sich ruhenden Seiendheit teilhat, das sind die einfachen endlichen Substanzen, und anderes, das nicht durch sich, sondern durch Vermittlung der Substanzen an der Seiendheit teilhat, die Akzidentien. Deshalb ist unbeschadet jener verschiedenen Art der Teilhabe, wie Aristoteles sagt , das Gerade das × Maß seiner selbst wie des Gekrümmten. Wie die unendliche Linie das Maß der Geraden und der Gekrümmten ist, so ist das Größte das Maß für alles, was in zwar verschiedener Weise, aber doch irgendwie an ihm teilhat.

53 Hier eröffnet sich nun die Einsicht für das Wort, wonach die Substanz kein Mehr oder Weniger zuläßt . Versteht × man es in dem Sinne, wie die endliche gerade Linie in ihrem Geradesein kein Mehr oder Weniger zuläßt, so ist es wahr. Als endliche ist jedoch die eine Linie kraft verschiedener Teilhabe an der unendlichen Linie größer oder kleiner als die andere, und es finden sich niemals zwei gleiche. Die gekrümmte Linie jedoch läßt hinsichtlich ihrer Teilhabe an der Geradheit ein Mehr oder Weniger zu; ferner läßt sie auf Grund ihrer Teilhabe an der Geradheit dasjenige

recipit magis et minus. Et hinc est quod accidentia quanto magis participant substantiam, sunt nobiliora. Et adhuc quanto magis participant substantiam nobiliorem, tanto adhuc nobiliora. Et in hoc videtur, quomodo non possunt esse nisi entia aut per se aut per alia entitatem primi participantia, sicut non inveniuntur nisi lineae aut rectae aut curvae. Et propterea recte divisit Aristoteles omnia, quae in mundo sunt, in substantiam et accidens.

Substantiae igitur et accidentis una est adaequatissima 54
mensura, quae est ipsum maximum simplicissimum, quod licet neque sit substantia neque accidens, tamen ex praemissis manifeste patet ipsum potius sortiri nomen immediate ipsum participantium, scilicet substantiarum quam accidentium. Unde Dionysius maximus ipsum plus quam substantiam sive supersubstantialem vocat potius quam superaccidentalem. Quoniam magis est dicere supersubstantiale quam superaccidentale, hinc maximo convenientius attribuitur. Dicitur autem supersubstantiale, hoc est scilicet non-substantiale, quia hoc inferius eo, sed supra substantiam. Et ita est negativum verius maximo conveniens, ut infra de nominibus dei dicemus.

Posset quis ex superioribus multa circa accidentium et substantiarum diversitatem et nobilitatem inquirere, de quibus hic locus tractandi non exsistit.

Capitulum XIX 55

Transumptio trianguli infiniti ad trinitatem maximam

Nunc de eo, quod dictum et ostensum est maximam lineam esse triangulum maximum, in ignorantia doceamur. Ostensum est maximam lineam triangulum. Et quia linea

an Mehr oder Weniger zu, das die Gerade aufweist. Gemäß dieser Tatsache sind die Akzidentien um so edler, je mehr sie an der Substanz teilhaben; ebenso sind sie um so edler, je mehr sie an einer edleren Substanz teilhaben. Dabei wird ersichtlich, daß es nur Dinge geben kann, die an sich oder vermittels anderer an der Seiendheit des Ersten teilhaben, so wie sich nur gerade oder krumme Linien finden lassen. Deshalb hatte Aristoteles recht, wenn er × alle Gegenstände der Welt in Substanz und Akzidens schied.

54 Für die Substanz und das Akzidens gibt es nur ein adäquates Maß, das allereinfachste Größte. Obschon es weder Substanz noch Akzidens ist, ergibt sich doch aus dem eben Gesagten mit aller Klarheit, daß es eher noch mit dem Namen dessen, was unmittelbar an ihm teilhat, d. h. dem der Substanz belegt werden kann als mit dem des Akzidens. Darum benennt der große Dionysius es × lieber als ‚mehr als Substanz', d. h. ‚Übersubstanz', denn als ‚Überakzidens'. Da die Bezeichnung ‚Übersubstanz' mehr bedeutet als ‚Überakzidens', so ist sie dem Größten angemessener. Es heißt aber ‚Übersubstanz', d. h. Nichtsubstanz, weil Substanz weniger als es ist, es aber mehr als Substanz ist. So ist die negative Bezeichnung dem Größten angemessener, wie wir das später hinsichtlich der Benennungen Gottes ausführen werden.

Aus dem oben Gesagten könnte man vielerlei Untersuchungen über die Verschiedenheit und den Wert von Akzidens und Substanz ableiten. Doch dazu ist hier nicht der Ort.

55 Kapitel 19

Übertragung des unendlichen Dreiecks auf die allerhöchste Dreifaltigkeit

Über die oben aufgestellte und bewiesene Behauptung, × daß die größte Linie das größte Dreieck ist, wollen wir uns nun in unserer Unwissenheit belehren lassen. Erwiesen wurde, daß die größte Linie Dreieck ist, und da die Linie

est simplicissima, erit simplicissimum trinum. Erit omnis angulus trianguli linea, cum totus triangulus sit linea. Quare linea infinita est trina. Non est autem possibile plura esse infinita. Quare illa trinitas est unitas.

Praeterea cum angulus maiori lateri oppositus sit maior, ut in geometria ostenditur, et hic sit triangulus, qui non habet latus nisi infinitum, erunt anguli maximi et infiniti. Quare unus non est minor aliis nec duo maiores tertio, sed quia extra infinitam quantitatem non posset esse quantitas, ita extra unum angulum infinitum non possunt esse alii. Quare unus erit in alio, et omnes tres unum maximum.

Insuper sicut maxima linea non plus est linea, triangulus, 56
circulus vel sphaera, sed in veritate[1] est illa omnia absque compositione, ut ostensum est, ita consimiliter maximum simpliciter est ut maximum lineale, quod possumus dicere essentiam; est ut triangulare, et potest dici trinitas; est ut circulare, et potest dici unitas; est ut sphaerale, et potest dici actualis exsistentia.

Est igitur maximum essentia trina, una actu; nec est aliud essentia quam trinitas, nec aliud trinitas quam unitas, nec aliud actualitas quam unitas, trinitas vel essentia, licet verissimum sit maximum ista esse identice et simplicissime. Sicut igitur verum est maximum esse et unum esse, ita verum est ipsum trinum esse, eo modo quo veritas trinitatis non contradicit simplicissimae unitati, sed est ipsa unitas.

Hoc autem aliter possibile non est, quam ut per simili- 57
tudinem trianguli maximi attingibile est. Quare ipsum verum triangulum atque simplicissimam lineam ex praehabitis scientes, modo quo hoc homini possibile est, in docta igno-

[1] virtute *I*

einfach ist, so ist das Einfache dreifach. Jeder Winkel des Dreiecks ist Linie, da das ganze Dreieck Linie ist. Demnach ist die unendliche Linie dreifach. Es kann aber nicht mehrere Unendliche geben, also ist jene Dreiheit Einheit.

Da ferner der der größten Seite gegenüberliegende Winkel größer ist als die anderen Winkel, wie die Geometrie beweist , und da wir es hier mit einem Dreieck zu tun haben, das nur unendliche Seiten kennt, so sind seine Winkel die größten und unendlich. Es ist deshalb nicht einer kleiner als die anderen, noch zwei größer als der dritte. Da es vielmehr neben der unendlichen Quantität keine Quantität geben kann, so kann es neben dem einen unendlichen Winkel keine anderen geben. Es ist also einer im anderen und alle drei sind das eine Größte.

56 Wie des weiteren die größte Linie nicht in höherem Grade Linie, Dreieck, Kreis oder Kugel ist, sondern, wie bewiesen , all das ohne Zusammensetzung in Wahrheit ist, so läßt sich das schlechthin Größte als linear Größtes fassen, das wir als Wesenheit bezeichnen können; es läßt sich aber auch als größtes Dreieck fassen und also als Dreiheit bezeichnen; es läßt sich als größter Kreis verstehen und als Einheit bezeichnen, und es läßt sich als größte Kugel betrachten und als aktuelle Existenz bezeichnen.

Das Größte ist also dreiheitliche Wesenheit, die eine wirkliche Einheit bildet. Dabei ist die Wesenheit nichts von der Dreiheit Verschiedenes, die Dreiheit nichts von der Einheit Verschiedenes und die Wirklichkeit nichts von der Einheit, Dreiheit oder Wesenheit Verschiedenes, obwohl es lauterste Wahrheit ist zu sagen, das Größte sei all dieses in einfachster Identität. Wie es also wahr ist zu sagen, das Größte sei und sei eines, so ist es wahr zu sagen, es sei dreifach, und zwar in der Weise, daß die Wahrheit der Dreiheit nicht der einfachsten Einheit widerspricht, sondern die Einheit selbst ist.

57 Das aber ist nicht anders möglich als so, wie es der Vergleich mit dem größten Dreieck verständlich macht. Indem wir also auf Grund der vorhergehenden Überlegungen um das wahre Dreieck und die einfachste Linie wissen, reichen wir in der belehrten Unwissenheit an die

rantia trinitatem attingemus. Nam videmus quod non reperimus angulum unum et post alium et tertio adhuc alium, ut in triangulis finitis, quoniam alius et alius et alius in unitate trianguli absque compositione esse non possunt. Sed unum absque numerali multiplicatione[2] triniter est. Quare recte quidem doctissimus Augustinus ait: «Dum incipis numerare trinitatem, exis veritatem.» Oportet enim in divinis simplici conceptu, quantum hoc possibile est, complecti contradictoria ipsa antecedenter praeveniendo. Puta non oportet in divinis concipere distinctionem et indistinctionem tamquam duo contradicentia, sed illa ut in principio suo simplicissimo antecedenter, ubi non est aliud distinctio quam indistinctio. Et tunc clarius concipitur trinitas et unitas esse idem. Nam ubi distinctio est indistinctio, trinitas est unitas. Et e converso, ubi indistinctio est distinctio, unitas est trinitas. Et ita de pluralitate personarum et unitate essentiae. Nam ubi pluralitas est unitas, trinitas personarum est idem cum unitate essentiae. Et e converso, ubi unitas est pluralitas, unitas essentiae est trinitas in personis.

Et ista clare in nostro exemplo videntur, ubi simplicissi- 58
ma linea est triangulus et e converso simplex triangulus est unitas linealis. Hic etiam videtur quomodo numerari anguli trianguli per unum, duo, tria non possunt, cum quilibet sit in quolibet, ut ait filius: «Ego in patre» et «pater in me». Iterum, veritas trianguli requirit tres angulos. Sunt igitur hic verissime tres anguli, et unusquisque maximus, et omnes unum maximum. Requirit insuper veritas trianguli, quod unus angulus non sit alius. Et ita hic requirit veritas unitatis simplicissimae essentiae, quod tres illi anguli non sint aliqua tria distincta, sed unum. Et hoc etiam verum est hic.

[2] compositione *I*

Trinität in einer Weise heran, wie es eben Menschen möglich ist. Wir ersehen nämlich, daß wir nicht, wie in endlichen Dreiecken, einen Winkel, dann einen anderen und drittens noch einen weiteren finden, da in der Einheit des Dreiecks nicht ein erster, ein zweiter und ein dritter ohne Zusammensetzung zu sein vermag. Vielmehr ist das Eine ohne zahlenmäßige Vervielfachung dreifach. Der gelehrte Augustinus sagt deshalb mit Recht: „Wenn du anfängst, die Trinität zu zählen, verfehlst du die Wahrheit." Bei Gott muß man, soweit das möglich ist, in einem einfachen Begriff das Widersprechende zusammenfassen, indem man den Gegensätzen im Vorgriff voraus ist. So darf man in Gott nicht Unterscheidung und Ununterschiedenheit als zwei gegensätzliche Dinge auffassen, sondern muß sie im Vorgriff als in ihrem absoluten einfachen Prinzip fassen, wo Unterscheidung nichts anderes als Ununterschiedenheit ist. Dann begreift man besser, daß Dreiheit und Einheit dasselbe sind. Denn wo Unterscheidung Ununterschiedenheit ist, da ist Dreiheit Einheit und umgekehrt, wo Ununterschiedenheit Unterscheidung ist, da ist Einheit Dreiheit. Dasselbe gilt von der Mehrheit der Personen und der Einheit des Wesens. Denn wo Vielheit Einheit ist, da ist die Dreiheit der Personen identisch mit der Einheit des Wesens. Und umgekehrt, wo die Einheit Vielheit ist, da ist die Einheit des Wesens Dreiheit in den Personen.

58 Diese Verhältnisse lassen sich deutlich an unserem Beispiel ersehen, wo die einfache Linie Dreieck und umgekehrt das einfache Dreieck lineare Einheit ist. Hier sieht man auch, daß Zählen der Winkel des Dreiecks mit eins, zwei, drei nicht angängig ist, da jeder Winkel in jedem ist, so wie der Sohn sagt: „Ich bin im Vater", und „der Vater ist in mir". Andererseits verlangt die Wahrheit des Dreiecks drei Winkel. Es gibt also hier wahrhaftig drei Winkel und jeder ist der größte und alle sind das eine Größte. Die Wahrheit des Dreiecks fordert weiter, daß ein Winkel nicht der andere ist, und so fordert hier die Wahrheit der Einheit des einfachsten Wesens, daß jene drei Winkel nicht irgendwie drei verschiedene sind, sondern eines. Auch das hat hier seine Gültigkeit.

Coniunge igitur ista, quae videntur opposita, antecedenter, ut praedixi, et non habebis unum et tria vel e converso, sed unitrinum seu triunum. Et ista est veritas absoluta.

Capitulum XX 59

Adhuc circa trinitatem et quod non sit possibilis quaternitas et ultra in divinis

Amplius: Requirit veritas trinitatis, quae est triunitas, trinum esse unum, quia dicitur triunum. Hoc autem non cadit in conceptu[1] nisi eo modo, quo correlatio distincta unit et ordo distinguit. Unde sicut, dum facimus triangulum finitum, primo est angulus unus, secundo alius, tertio tertius ab utroque, et illi anguli ad invicem correlationem habent, ut sit unus ex ipsis triangulus, ita quidem et in infinito infinite. Tamen concipiendum est ita, quod prioritas taliter concipiatur in aeternitate, quod posterioritas non sibi contradicat. Aliter enim prioritas et posterioritas in infinito et aeterno cadere non possent. Unde pater non est prior filio et filius posterior, sed ita pater est prior, quod filius non est posterior. Ita pater prima persona, quod filius non est post hoc secunda. Sed sicut pater est prima absque prioritate, ita filius secunda absque posterioritate et spiritus sanctus pariformiter tertia. Sed quia hoc superius dictum est amplius, sufficiat.

Velis tamen circa hanc semper benedictam trinitatem 60
advertere, quod ipsum maximum est trinum et non[2] quaternum vel quinum et ultra. Et hoc certe est nota dignum. Nam hoc repugnaret simplicitati et perfectioni maximi. Omnis enim figura polygonia pro simplicissimo elemento habet triangularem, et illa est minima figura polygonia,

[1] conceptum *I*
[2] non *om. I*

Führe also, wie oben gesagt, das, was als gegensätzlich erscheint, in sein vorausliegendes Verbundensein zurück, dann hast du nicht eines und drei oder umgekehrt, sondern ein einheitliches Dreifaches oder ein Dreieiniges. Dies aber ist die absolute Wahrheit.

59

Kapitel 20

Die Trinität (Fortsetzung) und die Unmöglichkeit einer Vierheit oder Mehrzahl in Gott

Die Wahrheit der Dreifaltigkeit, die Dreieinheit ist, verlangt ferner, daß das Dreifache eines ist, wird es doch als dreieines bezeichnet. Das aber geht nicht in unser Begreifen ein, es sei denn in der Weise, wie wechselseitige Beziehung Geschiedenes eint und Ordnung es unterscheidet. Wie daher beim Zeichnen eines endlichen Dreiecks zuerst ein Winkel da ist, dann ein zweiter und schließlich in Abhängigkeit von beiden der dritte, und wie diese Winkel so aufeinander bezogen sind, daß aus ihnen *ein* Dreieck entsteht, so verhält es sich in unendlicher Weise auch im unendlichen Dreieck. Dabei ist freilich in der Ewigkeit das Frühersein so zu verstehen, daß ihm das Spätersein nicht widerspricht, sonst könnte es im Unendlichen und Ewigen kein Früher und Später geben. Der Vater ist also nicht früher als der Sohn und der Sohn nicht später. Vielmehr ist der Vater in dem Sinne früher, daß der Sohn nicht später ist. Der Vater ist die erste Person in dem Sinne, daß der Sohn die zweite ist ohne zeitliche Folge. Wie der Vater die erste Person ist ohne Priorität, so ist der Sohn die zweite ohne später zu sein und in gleicher Weise der Heilige Geist die dritte. Doch weil darüber oben bereits × ausführlich gesprochen wurde, möge das genügen.

60 Achte jedoch bei der stets gebenedeiten Trinität darauf, daß das Größte dreifach ist und nicht vierfach, fünffach oder mehrfach. Das ist sicherlich bemerkenswert, denn ein solches Verhältnis würde der Einfachheit und Vollkommenheit des Größten widersprechen. Jede polygonale Figur hat ja als einfachstes Element das Dreieck. Es ist die kleinst-

qua minor esse nequit. Probatum est autem minimum simpliciter cum maximo coincidere. Sicut igitur se habet unum in numeris, ita triangulus in figuris polygoniis. Sicut igitur omnis numerus resolvitur ad unitatem, ita polygoniae ad triangulum. Maximus igitur triangulus, cum quo minimus coincidit, omnes figuras polygonias complectitur. Nam sicut unitas maxima se habet ad omnem numerum, ita triangulus maximus ad omnem polygoniam. Quadrangularis autem figura non est minima, ut patet, quia ea minor est triangularis. Igitur simplicissimo maximo, quod cum solo minimo coincidere potest, quadrangularis, quae absque compositione esse non potest, cum sit maior minimo, nequaquam poterit convenire. Immo implicat contradictionem esse maximum et esse quadrangulare. Nam non[3] posset esse mensura triangularium adaequata, quia semper excederet. Quomodo igitur esset maximum, quod non esset omnium mensura? Immo quomodo esset maximum, quod esset ab alio et compositum et per consequens finitum?

Et iam patet, quare primo ex potentia lineae simplicis 61
oritur triangulus simplex, quoad polygonias, deinde circulus simplex, deinde sphaera simplex, et non[4] devenitur ad alias quam istas elementales figuras ad invicem in finitis improportionales, omnes figuras intra se complicantes. Unde sicut si nos vellemus concipere mensuras omnium quantitatum mensurabilium, primo pro longitudine necesse esset habere lineam infinitam maximam, cum qua coincideret minimum, deinde pariformiter pro latitudine rectilineali triangulum maximum, et pro latitudine circulari circulum maximum, et pro profunditate sphaeram maximam. Et cum aliis quam cum istis quattuor omnia mensurabilia attingi non possent. Et quia istae omnes mensurae necessario essent infinitae et maximae, cum quo minimum coincideret,

[3] non *om. I*
[4] non *om. I*

mögliche polygonale Figur. Nun wurde bewiesen, daß das schlechthin Kleinste mit dem Größten zusammenfällt. Der Stellung der Eins zu den Zahlen entspricht bei den polygonalen Figuren das Dreieck. Wie jede Zahl auf die Einheit, so lassen sich die Vielecke auf das Dreieck zurückführen. Das größte Dreieck, mit dem das kleinste zusammenfällt, umfaßt alle polygonalen Figuren, denn wie die größte Einheit sich zu allen Zahlen verhält, ebenso verhält sich das größte Dreieck zu allen polygonalen Figuren. Ein Viereck ist niemals die kleinste Figur, da offensichtlich das Dreieck kleiner ist. Dem allereinfachsten Größten, das × allein mit dem Kleinsten zusammenfallen kann, vermag infolgedessen ein Viereck in keiner Weise zu entsprechen, das ohne Zusammensetzung nicht zu bestehen vermag, da es größer ist als das Kleinste. Ja, es schließt geradezu einen Widerspruch ein, das Größte zu sein, und ein Viereck zu sein, denn es könnte kein adäquates Maß der Dreiecke sein, würde es doch immer an Fläche überragen. Wie sollte etwas das Größte sein, was nicht Maß von allem wäre, ja, wie sollte etwas das Größte sein, was von einem anderen abhängig, zusammengesetzt und folglich begrenzt wäre.

61 Es ist bereits klar geworden, warum zunächst aus der Potenz der einfachen Linie das einfache Dreieck als das Einfache im Rahmen der polygonalen Figuren entsteht, dann der einfache Kreis, schließlich die einfache Kugel, und warum man nicht zu anderen, sondern nur zu diesen als elementaren Figuren kommt, die zwar im Endlichen keine Proportion untereinander aufweisen, aber alle Figuren in sich schließen. Wollten wir darum die Maße aller meßbaren Quantitäten gedanklich fassen, so müßten wir zunächst für die Länge die größte unendliche Linie nehmen, mit der die kleinste zusammenfiele; dann müßten wir gleicherweise für die geradlinig begrenzten Flächen das größte Dreieck haben, für die kreisförmigen Flächen den größten Kreis und × für die Raumtiefe die größte Kugel. Mit anderen Figuren als mit diesen vieren ließen sich nicht alle meßbaren Größen erreichen. Da nun alle diese Maße notwendigerweise unendliche und größte sein müßten, womit das Kleinste zusammenfiele, und da es ferner mehrere Größte

et cum plura maxima esse non possint, hinc ipsum unicum maximum, quod esse debet omnium quantorum mensura, dicimus esse illa, sine quibus maxima mensura esse non posset, licet in se consideratum absque respectu ad mensurabilia nullum istorum sit aut dici possit veraciter sed per infinitum et improportionabiliter supra. Ita maximum simpliciter cum sit omnium mensura, ipsum illa esse dicimus, sine quibus ipsum omnium[5] metrum posse esse non intelligimus. Unde maximum, licet sit super omnem trinitatem per infinitum, trinum dicimus, quia aliter ipsum rerum, quarum unitas essendi est trinitas, sicut in figuris unitas triangularis in trinitate angulorum consistit, causam simplicem, metrum et mensuram esse non intelligeremus, licet in veritate et nomen et conceptus noster trinitatis, semoto isto respectu, maximo nequaquam conveniat, sed per infinitum ab illa maxima et incomprehensibili veritate deficiat.

Habemus itaque maximum triangulum omnium triniter 62
subsistentium mensuram simplicissimam, quemadmodum sunt operationes actiones in potentia, obiecto, actu triniter subsistentes; similiter visiones, intellectiones, volitiones, similitudines, dissimilitudines, pulchritudines, proportiones, correlationes, appetitus naturales et cetera omnia, quorum essendi unitas consistit in pluralitate, sicuti est principaliter esse et operatio naturae consistens in correlatione agentis, patientis et communis ex illis resultantis.

[5] omnium *om. I*

nicht geben kann, deshalb erklären wir, das eine Größte, welches Maß aller Quanten sein muß, sei identisch mit jenen, ohne die es nicht das größte Maß sein könnte. Für sich betrachtet, ohne Bezug auf die zu messenden Größen, ist es freilich keine von ihnen, und es wäre nicht richtig, es als eine von ihnen zu bezeichnen, vielmehr steht es in unendlichem Abstand und ohne proportionales Verhältnis weit über ihnen. Da das schlechthin Größte jedoch Maß von allem ist, so sagen wir, es sei jene Figuren, ohne die wir es uns nicht als Maß von allem denken können. Wir bezeichnen auch aus diesem Grunde das Größte als dreifach, obschon es unendlich über alle Dreiheit erhaben ist, weil wir anders es als die einfache Ursache, das Maß und den Maßstab der Dinge nicht begreifen könnten, deren Seinseinheit die Dreiheit ist, wie in den Figuren die Einheit des Dreiecks in der Dreiheit der Winkel besteht. Lassen wir den Bezug auf die Dinge weg, so kommt freilich in Wirklichkeit weder unsere Bezeichnung noch unser Begriff der Dreiheit dem Größten in irgendeiner Weise zu. Er bleibt vielmehr im unendlichen Abstand hinter jener größten und unbegreiflichen Wahrheit zurück.

62 Wir haben also das größte Dreieck als schlechthin einfaches Maß für alles, was dreiheitlich existiert. Dazu gehören die Handlungen, welche als mögliches Tätigsein, als Gerichtetsein auf einen Gegenstand und als tatsächliche Ausführung eine dreiheitliche Struktur aufweisen; ebenso die Wahrnehmungen, Denk- und Willensakte, Ähnlichkeiten, Unähnlichkeiten, Schönheit, Proportion, Korrelation, natürliche Strebungen und alles, dessen Seinseinheit in einer Mehrheit besteht, wie vor allem Sein und Tätigsein der Natur in einer Korrelation von Tätigem, Leidendem und dem gemeinsamen Resultat beider besteht.

Capitulum XXI 63

Transumptio circuli infiniti ad unitatem

Habuimus de triangulo maximo pauca quaedam. Similiter de infinito circulo[1] subiungamus.

Circulus est figura perfecta unitatis et simplicitatis. Et iam ostensum est superius triangulum esse circulum. Et ita trinitas est unitas. Ista autem unitas est infinita, sicut circulus infinitus. Quare est unior aut identior omni expressibili unitati atque per nos apprehensibili per infinitum. Nam tanta est ibi identitas, quod omnes etiam relativas oppositiones antecedit, quoniam ibi aliud et diversum identitati non opponuntur. Quare est, cum maximum sit infinitae unitatis, tunc omnia, quae ei conveniunt, sunt ipsum absque diversitate et alietate, ut non sit alia bonitas eius et alia sapientia sed idem. Omnis enim diversitas in ipso est identitas. Unde eius potentia cum sit unissima, est et fortissima et infinitissima. Tanta quidem est eius unissima duratio, quod praeteritum non est aliud a futuro et futurum non est aliud a praesenti in ea, sed sunt unissima duratio sive aeternitas sine principio et fine. Nam tantum est in ipso principium, quod et finis est in ipso principium.

Haec omnia ostendit circulus infinitus sine principio et 64
fine aeternus, indivisibiliter unissimus atque capacissimus. Et quia ille circulus est maximus, eius diameter etiam est maxima. Et quoniam plura maxima esse non possunt, est intantum ille circulus unissimus, quod diameter est circumferentia. Infinita vero diameter habet infinitum medium. Medium vero est centrum. Patet ergo centrum, diametrum

[1] quaedam *add. I*

63 Kapitel 21

Übertragung des unendlichen Kreises auf die Einheit

Wir haben einige kurze Bemerkungen über das größte Dreieck gemacht. Ähnliche Ausführungen über den unendlichen Kreis wollen wir anschließen.

Der Kreis ist die vollkommene Figur der Einheit und × Einfachheit. Es wurde bereits oben gezeigt, daß das × Dreieck Kreis ist. So gesehen ist die Dreiheit Einheit. Diese Einheit aber ist unendlich, so wie der Kreis unendlich ist. Deshalb ist sie in unendlichem Abstand einheitlicher und identischer als jede bezeichenbare und für uns faßbare Einheit. Derart ist nämlich dort die Identität, daß sie allen, auch den nur relativen Gegensätzen vorausliegt, da dort das andere und das Verschiedene sich nicht der Gleichheit entgegenstellen. Es gilt deshalb der Satz: Da das Größte von unendlicher Einheit ist, so ist alles, was ihm zukommt, es selbst ohne Verschiedenheit und Andersheit, so daß seine Güte nicht etwas anderes ist als seine Weisheit, sondern dasselbe. Jede Verschiedenheit ist eben in ihm Identität. Darum ist seine Kraft wegen ihrer absoluten Einheit auch die stärkste und absolut unendliche. Seine schlechthin einheitliche Dauer ist so groß, daß in ihr das Vergangene nichts anderes ist als das Künftige und das Künftige nichts anderes als das Gegenwärtige. Sie sind vielmehr einheit- × liche Dauer, d. h. Ewigkeit ohne Anfang und Ende, denn von solchem Gewicht ist in ihm der Anfang, daß auch das Ende in ihm der Anfang ist.

64 All das zeigt der unendliche Kreis, der ewig ist, ohne Anfang und Ende, absolut einer, unteilbar und allumfassend. Da jener Kreis von absoluter Größe ist, ist es auch sein Durchmesser. Weil es aber mehrere absolute Größte nicht geben kann, so ist jener Kreis in solchem Maße absolut einheitlich, daß sein Durchmesser Umfang ist. Bei einem unendlichen Durchmesser jedoch liegt der Mittelpunkt im Unendlichen. Der Mittelpunkt jedoch ist das Zentrum. Es ist also klar, daß Zentrum, Durchmesser und

et circumferentiam idem esse. Ex quo docetur ignorantia nostra incomprehensibile maximum esse, cui minimum non opponitur. Sed centrum est in ipso circumferentia.

Vides quomodo totum maximum perfectissime est intra omne simplex et indivisibile, quia centrum infinitum; et extra omne esse omnia ambiens, quia circumferentia infinita; et omnia penetrans, quia diameter infinita; principium omnium, quia centrum; finis omnium, quia circumferentia; medium omnium, quia diameter; causa efficiens, quia centrum; formalis, quia diameter; finalis, quia circumferentia; dans esse, quia centrum; gubernans, quia diameter; conservans, quia circumferentia. Et horum similia multa.

65 Apprehendis itaque per intellectum quomodo maximum cum nullo est idem neque diversum, et quomodo omnia in ipso, ex ipso et per ipsum, quia circumferentia, diameter et centrum. Non quod aut sit circulus aut circumferentia, diameter vel centrum, sed maximum tantum simplicissimum, quod per ista paradigmata investigatur et reperitur omnia, quae sunt et non sunt, ambire; ita quod non-esse in ipso est maximum esse, sicut minimum est maximum. Et est mensura omnis circulationis, quae est de potentia in actum et redeundo de actu in potentiam, compositionis a principiis ad individua et resolutionis individuorum ad principia, et formarum perfectarum circularium et circularium operationum et motuum super se et ad principium redeuntium, et consimilium omnium, quorum unitas in quadam circulari perpetuitate consistit.

66 Multa hic de perfectione unitatis ex hac figura circulari trahi possent, quae cum faciliter per unumquemque iuxta praemissa fieri possint, brevitatis causa transeo. Hoc tantum notatum esse admoneo quomodo omnis theologia circularis

Umfang identisch sind. Aus solchen Überlegungen bezieht unsere Unwissenheit die Erkenntnis von der Unfaßbarkeit des Größten, für das das Kleinste keinen Gegensatz bedeutet und das den Mittelpunkt zum Umfang hat.

Du siehst nun, wie das Größte in seiner Ganzheit, weil unendlicher Mittelpunkt, in vollkommener Weise in allem als Einfaches und Unteilbares ist; wie es, weil unendlicher Umfang, außerhalb alles Seins alles umfaßt; wie es, weil unendlicher Durchmesser, alles durchdringt; wie es, weil Mittelpunkt, Prinzip von allem ist; weil Umfang, Ziel von allem; weil Durchmesser, Mitte von allem; wie es, weil Mittelpunkt, Wirkursache; weil Durchmesser, Formalursache; weil Umfang, Finalursache ist; wie es, weil Mittelpunkt, Sein gibt; weil Durchmesser, lenkt und leitet; weil Umfang, im Sein erhält, und vieles Ähnliche dieser Art.

65 Deine Vernunft erfaßt deshalb, daß das Größte gegenüber keinem identisch noch verschieden ist, und daß alles in ihm, aus ihm und durch es ist , weil es Umfang, Durch- × messer und Mittelpunkt ist. Nicht als ob es Kreis, Umfang, Durchmesser oder Mittelpunkt wäre, vielmehr ist es nur das schlechthin einfache Größte, das alles, was ist und nicht ist, umfaßt. Diese Erkenntnis gewinnt das forschende Suchen mit Hilfe solcher Beispiele. Das gilt so sehr, daß das Nichtsein in ihm das vollendetste Sein ist, wie das Kleinste das Größte ist. Es ist das Maß allen Kreislaufs, der von der Potenz zum Akt und wieder vom Akt zur Potenz führt, aller Zusammensetzung von den Prinzipien zu den Einzeldingen und der Auflösung der Individuen in die Prinzipien, der vollkommenen Kreisformen, der im Kreis sich schließenden Tätigkeiten, der auf sich selbst und auf den Ursprung zurücklaufenden Bewegungen und aller ähnlichen Bewegungen, deren Einheit in einer Art von kreisförmiger Dauer besteht.

66 Vieles könnte hier aus dieser Kreisfigur an Folgerungen über die Vollkommenheit der Einheit erschlossen werden, was ich der Kürze wegen übergehe, da es leicht gemäß dem Gesagten durch jedweden vollzogen werden kann. Nur an das eine möchte ich erinnern, daß jede Theologie im Kreise

et in circulo posita exsistit, adeo etiam quod vocabula attributorum de se invicem verificentur circulariter, ut summa iustitia est summa veritas, et summa veritas est summa iustitia, et ita de omnibus. Ex quo, si extendere inquisitionem volueris, tibi infinita theologicalia iam occulta manifestissima fieri poterunt.

Capitulum XXII **67**

Quomodo dei providentia contradictoria unit

Ad hoc autem, ut etiam experiamur, quomodo ad altam ducimur intelligentiam per praemissa, ad dei providentiam inquisitionem applicemus. Et quoniam ex prioribus manifestum est deum esse omnium complicationem, etiam contradictoriorum, tunc nihil potest eius effugere providentiam. Sive enim fecerimus aliquid sive eius oppositum aut nihil, totum in dei providentia implicitum fuit. Nihil igitur nisi secundum dei providentiam eveniet.

Unde quamvis deus multa potuisset providisse, quae non **68**
providit nec providebit, multa etiam providit, quae potuit non providere, tamen nihil addi potest divinae providentiae aut diminui. Ut in simili: Humana natura simplex et una est. Si nasceretur homo, qui etiam numquam nasci exspectabatur, nihil adderetur naturae humanae, sicut nihil demeretur ab illa, si non nasceretur, sicut nec cum nati moriuntur. Et hoc ideo, quia humana natura complicat tam eos qui sunt, quam qui non sunt neque erunt, licet esse potuerunt. Ita licet eveniret, quod numquam eveniet,

geht und auf die Kreisförmigkeit in so hohem Maße angewiesen ist, daß die Bezeichnungen für die Eigenschaften Gottes sich gegenseitig im Kreise bewahrheiten. Die höchste × Gerechtigkeit ist die höchste Wahrheit, die höchste Wahrheit ist die höchste Gerechtigkeit und so bei allen Eigenschaften . Wollte man hier die Untersuchung weiterführen, so könnten unendlich viele, bisher verborgene theologische Lehren in klares Licht treten.

67 Kapitel 22

Die göttliche Vorsehung vereinigt die Gegensätze

Um auch an einem Beispiel zu erfahren, bis zu welcher Tiefe der Erkenntnis uns die angestellten Überlegungen zu führen vermögen, wollen wir das Ergebnis unserer Untersuchungen auf die göttliche Vorsehung anwenden. Aus dem früher Gesagten ist bekannt, daß Gott die Einfaltung von allem, auch des Gegensätzlichen, ist. Es kann deshalb nichts seiner Vorsehung entgehen. Wir mögen etwas tun oder das Gegenteil davon oder nichts tun, alles ist in Gottes Vorsehung eingeschlossen. Nichts wird sich deshalb ereignen, es sei denn gemäß der Vorsehung Gottes.

68 Obwohl also Gott vieles hätte vorsehen können, was er nicht vorsah, noch vorsehen wird, und obwohl er auch vieles vorsah, was er hätte nicht vorsehen können, so läßt sich doch der göttlichen Vorsehung nichts hinzufügen oder wegnehmen. Nehmen wir einen Vergleich. Die menschliche × Natur ist einfach und einheitlich. Käme ein Mensch zur Welt, dessen Geburt niemals hätte erwartet werden können, so würde der menschlichen Natur nichts hinzugefügt werden. Ebenso würde ihr nichts entzogen, wenn er nicht geboren würde, wie ihr auch nichts entzogen wird, wenn Menschen sterben, die geboren sind. Der Grund dafür liegt darin, daß die menschliche Natur ebenso die umfaßt, die sind, wie die, welche nicht sind und nicht sein werden, obwohl sie sein könnten. In gleicher Weise würde der gött-

nihil tamen adderetur providentiae divinae, quoniam ipsa complicat tam ea, quae eveniunt, quam quae non eveniunt, sed evenire possunt. Sicut igitur multa sunt in materia possibiliter, quae numquam evenient, ita per contrarium, quaecumque non evenient, sed evenire possunt, si in dei sunt providentia, non sunt possibiliter, sed actu. Nec inde sequitur, quod ista sint actu. Sicut ergo dicimus quod humana natura infinita complicat et complectitur, quia non solum homines qui fuerunt, sunt et erunt, sed qui possunt esse, licet numquam erunt, et ita complectitur mutabilia immutabiliter, sicut unitas infinita omnem numerum, ita dei providentia infinita complicat tam ea quae evenient quam quae non evenient, sed evenire possunt, et contraria, sicut genus complicat contrarias[1] differentias. Et ea quae scit, non scit cum differentia temporum, quia non scit futura ut futura, nec praeterita ut praeterita, sed aeterne et mutabilia immutabiliter.

Hinc inevitabilis et immutabilis est, et nihil eam ex- 69
cedere potest, et hinc omnia ad ipsam providentiam relata necessitatem habere dicuntur. Et merito, quia omnia in deo sunt deus, qui est necessitas absoluta. Et sic patet quod ea, quae numquam evenient, eo modo sunt in dei providentia, ut praedictum est, etiam si non sunt provisa, ut eveniant. Et necesse est deum providisse, quae providit, quia eius providentia est necessaria et immutabilis, licet etiam oppositum eius providere potuit, quod providit. Nam posita complicatione non ponitur res complicata, sed posita explicatione ponitur complicatio. Nam licet cras possum legere vel non legere, quodcumque fecero, providentiam

[1] varias *N I*

lichen Vorsehung nichts hinzugefügt, selbst wenn etwas geschähe, was nie sich ereignen wird, da sie sowohl das in sich trägt, was geschieht, wie das, was nicht geschieht, aber geschehen könnte. Wie also vieles in der Materie der Möglichkeit nach ist, was niemals geschehen wird, so ist im Gegensatz dazu alles, was nicht geschehen wird, aber geschehen könnte, nicht der Möglichkeit nach, sondern in Wirklichkeit , wenn es in der göttlichen Vorsehung ist. Daraus folgt aber nicht, daß diese Ereignisse wirklich sind. Wie wir also sagen, daß die menschliche Natur unendlich viele Individuen umgreift und umfaßt, weil nicht nur die Menschen, die waren, sind oder sein werden, sondern auch die, welche sein können, auch wenn sie niemals sein werden, und wie die menschliche Natur auf diese Weise das Wandelbare in unwandelbarer Weise umfaßt wie die unendliche Einheit jedwede Zahl, so umgreift die unendliche göttliche Vorsehung ebenso das, was geschehen wird, wie das, was nicht geschehen wird, aber geschehen könnte, und ebenso das Gegenteil davon, wie die Gattung die konträren Unterschiede umgreift. Und das, was die göttliche Vorsehung weiß, weiß sie nicht in Unterscheidung der Zeit, weil sie das Künftige nicht als künftig, noch das Vergangene als vergangen weiß, sondern in ewiger Weise und damit das Wandelbare in unwandelbarer Weise.

69 Darum ist sie unausweichlich und unwandelbar, und nichts kann sich ihr entziehen. Darum sagt man auch , daß alles, was auf die göttliche Vorsehung bezogen ist, Notwendigkeit besitzt. Man sagt es mit Recht, denn alles ist in Gott Gott, der die absolute Notwendigkeit ist. Damit ist klar, daß das, was nie geschehen wird, in der angegebenen Weise in der göttlichen Vorsehung ist, auch wenn nicht vorgesehen ist, daß es je geschehen soll. Notwendig aber muß Gott vorgesehen haben, was er vorgesehen hat, da seine Vorsehung notwendig und unwandelbar ist. Freilich konnte er auch das Gegenteil von dem vorsehen, was er vorgesehen hat. Mit der Setzung der Einfaltung ist ja noch nicht das eingefaltete Ding gesetzt, aber mit der Setzung der Ausfaltung ist die Einfaltung gesetzt . Zugestanden, ich kann morgen lesen oder nicht lesen, was ich aber auch

non evado, quae contraria complectitur. Unde quidquid fecero, secundum dei providentiam eveniet.

Et ita patet quomodo per praemissa, quae nos docent maximum omnem anteire oppositionem, quoniam omnia qualitercumque complectitur et complicat, quid de providentia dei et aliis consimilibus verum sit, apprehendimus.

Capitulum XXIII 70

Transumptio sphaerae infinitae[1] ad actualem exsistentiam dei

Convenit adhuc pauca quaedam circa sphaeram infinitam speculari. Et reperimus in infinita sphaera tres lineas maximas longitudinis, latitudinis et profunditatis in centro concurrere. Sed centrum maximae sphaerae aequatur diametro et circumferentiae. Igitur illis tribus lineis in infinita sphaera aequatur centrum. Immo centrum est omnia illa, scilicet longitudo, latitudo et profunditas. Erit itaque maximum simplicissime atque infinite omnis longitudo, latitudo et profunditas, quae in ipso sunt unum simplicissimum indivisibile maximum. Et ut centrum praecedit omnem latitudinem, longitudinem atque profunditatem, et est finis omnium illorum atque medium, quoniam in sphaera infinita centrum, crassitudo et circumferentia idem sunt. Et sicut sphaera infinita est penitus in actu et simplicissima, ita maximum est penitus in actu simplicissime. Et sicut sphaera est actus lineae, trianguli et circuli, ita maximum est omnium actus. Quare omnis actualis exsistentia ab ipso[2] habet, quidquid actualitatis exsistit, et omnis exsistentia pro tanto exsistit actu, pro quanto in ipso infinito actu est. Et hinc maximum est forma formarum et forma essendi sive maxima actualis entitas.

Unde Parmenides subtilissime considerans aiebat deum 71
esse, «cui esse quodlibet quod est est esse omne id quod

[1] finitae *N I*
[2] ipsa *N T*

immer tue, ich entgehe nicht der Vorsehung, die Gegensätzliches umfaßt. Was auch immer ich also tue, es geschieht nach der Vorsehung Gottes.

Damit ist klar, daß die vorher gewonnene Erkenntnis, wonach das Größte allem Gegensatz vorausgeht, weil es alles irgendwie umfaßt und umgreift, uns die Wahrheit über die Vorsehung Gottes und andere ähnliche Fragen fassen läßt.

70

Kapitel 23

Übertragung der unendlichen Kugel auf die aktuale Existenz Gottes

Über die unendliche Kugel sollten noch einige Betrachtungen angefügt werden. Wir finden in der unendlichen Kugel drei größte Linien, die der Länge, der Breite und der Tiefe, die im Mittelpunkt sich treffen. Der Mittelpunkt der größten Kugel aber ist gleich dem Durchmesser und dem Umfang. Somit ist in der unendlichen Kugel der Mittelpunkt jenen drei Linien gleich, ja der Mittelpunkt ist all das, nämlich Länge, Breite und Tiefe. Es ist also das Größte in schlechthin einfacher und unendlicher Weise alle Länge, Breite und Tiefe, die in ihm das eine, schlechthin Einfache und unteilbare Größte sind. Als Mittelpunkt geht es aller Breite, Länge und Tiefe vorher und ist ihrer aller Ziel und Mitte, da in der unendlichen Kugel Mittelpunkt, Volumen und Umfang identisch sind. Wie die unendliche Kugel völlig wirklich ist, absolut einfach, so ist das Größte in absolut einfacher Weise ganz und gar Wirklichkeit. Wie die Kugel die Wirklichkeit der Linie, des Dreiecks und des Kreises ist, so ist das Größte die Wirklichkeit von allem. Jede wirkliche Existenz hat deshalb von ihm, was immer an Wirklichkeit sie besitzt, und alle Existenz existiert insoweit wirklich, als sie in dem Unendlichen wirklich ist. Darum ist das Größte die Form der Formen und ×
die Form des Seins, d. h. die größte, wirkliche Seiendheit.
71 Darum sagt der scharfsinnige Denker Parmenides , Gott ×
sei „dasjenige, für das der Umstand, daß es jegliches ist,

est». Sicut igitur sphaera est ultima perfectio figurarum, qua maior non est, ita maximum est omnium perfectio perfectissima, adeo quod omne imperfectum in ipso est perfectissimum, sicut infinita linea est sphaera et curvitas est rectitudo et compositio simplicitas et diversitas identitas et alteritas unitas, et ita de reliquis. Quomodo enim posset esse ibi aliquid imperfectionis, ubi imperfectio est infinita perfectio et possibilitas infinitus actus, et ita de reliquis?

Videmus nunc clare, cum maximum sit ut sphaera maxima, 72
quomodo totius universi et omnium in universo exsistentium est unica simplicissima mensura adaequatissima, quoniam in ipso non est maius totum quam pars, sicut non est maior sphaera quam linea infinita. Deus igitur est unica simplicissima ratio totius mundi universi. Et sicut post infinitas circulationes exoritur sphaera, ita deus omnium circulationum, uti sphaera maxima, est simplicissima mensura. Omnis enim vivificatio, motus et intelligentia ex ipso[3], in ipso et per ipsum. Apud quem una revolutio octavae sphaerae non est minor quam infinitae, quia finis est omnium motuum, in quo omnis motus ut in fine quiescit. Est enim quies maxima, in qua omnis motus quies est. Et ita maxima quies est omnium motuum mensura, sicut maxima rectitudo omnium circumferentiarum et maxima praesentia sive aeternitas omnium temporum.

In ipso igitur omnes motus naturales ut in fine quiescunt, 73
et omnis potentia in ipso perficitur ut in actu infinito. Et quia ipse est entitas omnis esse et omnis motus est ad esse, igitur quies motus est ipse, qui est finis motus, scilicet forma et actus essendi.

Entia igitur omnia ad ipsum tendunt. Et quoniam finita sunt et non possunt aequaliter participare finem in com-

[3] et *add. I T*

bedeutet, daß es all das ist, was es ist". Wie also die Kugel die letztmögliche Vollendung der Figuren ist, der gegenüber es keine größere gibt, so ist das Größte die vollkommene Vollendung von allem und zwar in solchem Maße, daß alles Unvollendete in ihm das schlechthin Vollendete ist, ebenso wie die unendliche Linie Kugel ist und Krümmung Geradheit und Zusammensetzung Einfachheit und Verschiedenheit Identität und Andersheit Einheit usw. Wie könnte auch dort etwas an Unvollkommenheit sein, wo die Unvollkommenheit unendliche Vollkommenheit ist und die Möglichkeit unendliche Wirklichkeit usw.

72 Weil das Größte der größten Kugel entspricht, sehen wir jetzt klar, daß es für das gesamte Universum und für alles, was im Universum existiert nur ein einziges, absolut einfaches und adäquates Maß gibt, da in ihm das Ganze nicht größer ist als der Teil, ebenso wie die Kugel nicht größer ist als die unendliche Linie. Gott ist also der einzige absolut einfache Seinsgrund des gesamten Universums. Und wie durch unendliche Kreisbewegungen die Kugel entsteht, so ist Gott für alle Kreisbewegungen — gleichsam als die größte Kugel — das absolut einfache Maß. Alle Belebung, Bewegung und alles Erkennen ist aus ihm, in ihm und durch ihn . Bei ihm ist eine Umdrehung der ×
achten Sphäre nicht kleiner als eine Umdrehung der unendlichen Sphäre, weil er Ziel aller Bewegung ist, in dem alle Bewegung als in ihrem Ziel zur Ruhe kommt. Er ist die größte Ruhe, in der alle Bewegung Ruhe ist. Die größte Ruhe aber ist das Maß aller Bewegung, ebenso wie die größte Geradheit das Maß aller Kreisumfänge und die größte Gegenwart, d. h. die Ewigkeit das Maß aller Zeiten ist.

73 In ihm kommen also alle natürlichen Bewegungen als in ihrem Ziel zur Ruhe, alle Möglichkeit vollendet sich in ihm als in der unendlichen Wirklichkeit, weil er die Seiendheit alles Seins ist, und weil alle Bewegung zum Sein geht, darum ×
ist jener, der das Ziel der Bewegung, d. h. die Form und die Wirklichkeit des Seins ist, die Ruhe der Bewegung. ×

Alles Seiende strebt daher zu ihm. Da es begrenzt ist und, miteinander verglichen, nicht in gleicher Weise am

paratione ad se invicem, tunc aliqua participant hunc finem per medium aliorum, sicut linea per medium trianguli et circuli in sphaeram ducitur, et triangulus per medium circuli, et circulus in sphaeram per se ipsum.

Capitulum XXIV 74

De nomine dei et theologia affirmativa

Postquam nunc auxiliante deo exemplo mathematico studuimus in nostra ignorantia circa primum maximum peritiores fieri, adhuc pro completiori doctrina de nomine maximi investigemus. Et ista quidem inquisitio, si recte saepe dicta menti habuerimus, facilis adinventionis erit.

Nam manifestum est, cum maximum sit ipsum maximum simpliciter, cui nihil opponitur, nullum nomen ei proprie posse convenire. Omnia enim nomina ex quadam singularitate rationis, per quam discretio fit unius ab alio, imposita sunt. Ubi vero omnia sunt unum, nullum nomen proprium esse potest.

Unde recte ait Hermes Trismegistus: Quoniam deus 75
est universitas rerum, tunc nullum nomen proprium est eius, quoniam aut necesse esset omni nomine deum aut omnia eius nomine nuncupari, cum ipse in sua simplicitate complicet omnium rerum universitatem. Unde secundum ipsum proprium nomen, quod ineffabile per nos dicitur et tetragrammaton sive quattuor litterarum est et ex eo proprium, quia non convenit deo secundum aliquam habitudinem ad creaturas, sed secundum essentiam propriam, interpretari debet 'unus et omnia' sive 'omnia uniter', quod melius est. Et ita nos repperimus superius unitatem maxi-

Ziel teilhaben kann, so nehmen einige Wesen an diesem Ziel mittels anderer teil, wie die Linie mittels des Dreiecks und des Kreises zur Kugel geführt wird, das Dreieck aber mittels des Kreises und der Kreis durch sich selbst.

74 Kapitel 24

Der Name Gottes und die affirmative Theologie

Mit Gottes Hilfe haben wir uns bis jetzt an Hand eines mathematischen Beispiels bemüht, in unserer Unwissenheit ein wenig über das Erste und Größte zu erfahren. Zur Ergänzung dieser Belehrung wollen wir unsere Untersuchung noch dem Namen des Größten zuwenden . Der × Gang dieser Forschung wird leicht sein, wenn wir oft Gesagtes uns in richtiger Weise gegenwärtig halten.

Es ist ja einleuchtend, daß kein Name eigentlich dem Größten angemessen sein kann, da es das schlechthin × Größte ist, zu dem nichts in Gegensatz tritt. Alle Namen sind nämlich auf Grund einer gewissen Besonderheit in der verstandesmäßigen Erfassung den Dingen zugelegt, auf der die Unterscheidung des einen vom anderen beruht. Wo jedoch alles eines ist, da kann es keinen besonderen Namen geben.

75 Hermes Trismegistus sagt darum mit Recht : Da Gott × die Gesamtheit der Dinge ist, so gibt es keinen ihm eigenen Namen, müßte doch sonst Gott mit jeglichem Namen benannt werden oder alles mit seinem Namen. Er umgreift ja in seiner Einfachheit die Gesamtheit aller Dinge. Gemäß seinem eigentlichen Namen — der für uns als unaussprechbar gilt und das Tetragramm ist, d. h. aus vier Buchstaben besteht, und der deshalb eigentümlicher Name ist, weil er Gott nicht zukommt gemäß irgendeiner Beziehung zu den Geschöpfen, sondern gemäß seinem eigenen Wesen — müßte man ihn deuten als ‚Einer und Alles' oder ‚Alles in Eins', was noch besser ist. So haben wir oben auch die größte Einheit gefunden, die dasselbe

mam, quae idem est quod 'omnia uniter'. Immo adhuc videtur nomen propinquius et convenientius 'unitas' quam 'omnia uniter'. Et propter hoc dicit propheta, quomodo «in illa die erit deus unus et nomen eius unum». Et alibi: «Audi Israel», id est deum per intellectum videns, quoniam deus tuus «unus est».

Non est autem unitas nomen dei eo modo, quo nos aut 76
nominamus aut intelligimus unitatem, quoniam sicut supergreditur deus omnem intellectum, ita a fortiori omne nomen. Nomina quidem per motum rationis, quae[1] intellectu multo inferior est, ad rerum discretionem imponuntur. Quoniam autem ratio contradictoria transilire nequit, hinc non est nomen, cui aliud non opponatur[2] secundum motum rationis. Quare unitati pluralitas aut multitudo secundum rationis motum opponitur. Hinc unitas deo non convenit sed unitas, cui non opponitur aut alteritas aut pluralitas aut multitudo. Hoc est nomen maximum omnia in sua simplicitate unitatis complicans, istud est nomen ineffabile et super omnem intellectum.

Quis enim intelligere possit unitatem infinitam per infini- 77
tum omnem oppositionem antecedentem, ubi omnia absque compositione sunt in simplicitate unitatis complicata, ubi non est aliud vel diversum, ubi homo non differt a leone et caelum non differt a terra, et tamen verissime ibi sunt ipsum, non secundum finitatem suam, sed complicite ipsamet unitas maxima? Unde si quis posset intelligere aut nominare talem unitatem, quae cum sit unitas, est omnia, et cum sit minimum, est maximum, ille nomen dei attingeret. Sed cum nomen dei sit deus, tunc eius nomen non est cognitum nisi per intellectum, qui est ipsum maximum et nomen maximum. Quare in docta ignorantia attingimus: Licet 'unitas' videatur propinquius nomen maximi, tamen

[1] qui *C T Fl HK*
[2] opponitur *I*

ist wie ‚Alles in Eins'. Freilich noch gemäßer und zutreffender als ‚Alles in Eins' erscheint der Name ‚die Einheit'.
Deshalb sagt der Prophet, daß „an jenem Tage Gott ×
Einer sein wird und sein Name das Eine", und an anderer
Stelle „Höre Israel", (das bedeutet der, welcher Gott mittels ×
der Vernunft erschaut), dein Gott „ist Einer".

76 Doch die Einheit ist nicht in der Weise der Name Gottes, wie wir sonst Einheit benennen oder verstehen, denn wie Gott alle Vernunfteinsicht übersteigt, so erst recht jeden Namen. Die Namen werden durch eine Bewegung des Verstandes, der weit geringer ist als die Vernunft, den
Dingen zur Unterscheidung beigelegt. Da jedoch der ×
Verstand das Widersprechende nicht zu übersteigen vermag, so gibt es keinen Namen, zu dem nicht gemäß der Bewegung des Verstandes ein anderer in Gegensatz treten könnte. Gemäß der Verstandesbewegung tritt deshalb die Vielheit oder Menge der Einheit gegenüber. Aus diesem Grunde kommt Gott die Einheit nicht zu, sondern nur eine Einheit, zu der weder die Andersheit noch die Vielheit noch die Menge einen Gegensatz bilden. Das ist der größte Name, der alles in der Einfachheit seiner Einheit umgreift. Dies ist der unaussprechliche Name, der über alle Vernunfteinsicht geht.

77 Wer könnte auch die unendliche Einheit begreifen, die in unendlichem Abstand allem Gegensatz vorangeht, wo alles ohne Zusammensetzen in der Einfachheit der Einheit umgriffen ist, wo es kein Anderes und Verschiedenes
gibt, wo der Mensch sich nicht vom Löwen unterscheidet ×
und der Himmel nicht von der Erde und sie doch in vollster Wahrheit dort sie selbst sind, nicht gemäß ihrer Endlichkeit, sondern eingefaltet als die größte Einheit selbst. Wenn also jemand eine solche Einheit begreifen oder bezeichnen könnte, die als Einheit alles ist, als Kleinstes das Größte, der würde an den Namen Gottes herankommen. Da jedoch der Name Gottes Gott ist, so ist sein Name nur durch die Vernunft erkannt, die das Größte selbst und der größte Name selbst ist. In der belehrten Unwissenheit erreichen wir darum die Erkenntnis: Wenn es auch den Anschein hat, als ob ‚Einheit' dem Namen des Größten

adhuc a vero nomine maximi, quod est ipsum maximum, distat per infinitum.

Est itaque ex hoc manifestum nomina affirmativa, quae 78
deo attribuimus, per infinitum diminute sibi convenire, nam talia secundum aliquid, quod in creaturis reperitur, sibi attribuuntur. Cum igitur deo nihil tale particulare, discretum, habens oppositum sibi nisi diminutissime convenire possit, hinc affirmationes sunt incompactae, ut ait Dionysius. Nam si dicis ipsum veritatem, occurrit falsitas, si dicis virtutem, occurrit vitium, si dicis substantiam, occurrit accidens, et ita de reliquis. Cum autem ipse non sit substantia, quae non sit omnia et cui nihil opponitur, et non sit veritas, quae non sit omnia absque oppositione, non possunt illa particularia nomina nisi diminute valde per infinitum sibi convenire. Omnes enim affirmationes, quasi in ipso aliquid sui significati ponentes, illi convenire non possunt, qui non est plus aliquid quam omnia.

Et propterea nomina affirmativa, si sibi conveniunt, non 79
nisi in respectu ad creaturas conveniunt. Non quod creaturae sint causa, quod sibi conveniant, quoniam maximum a creaturis nihil habere potest, sed sibi ex infinita potentia ad creaturas conveniunt. Nam ab aeterno deus potuit creare, quia nisi potuisset, summa potentia non fuisset. Igitur hoc nomen 'creator', quamvis sibi in respectu ad creaturas conveniat, tamen etiam convenit, antequam creatura esset, quoniam ab aeterno creare potuit. Ita de iustitia et ceteris omnibus nominibus affirmativis, quae nos translative a creaturis deo attribuimus propter quandam perfectionem per ipsa nomina significatam, licet illa omnia nomina ab aeterno, ante etiam quam nos sibi illa attribuimus, fuissent veraciter in summa sua perfectione et

ziemlich nahe käme, so bleibt er doch vom wahren Namen des Größten, der das Größte selbst ist, unendlich weit entfernt.

78 Hieraus erhellt, daß die positiven Benennungen, die wir Gott zulegen, ihm nur in unendlich verminderter Bedeutung zukommen. Denn diese Bezeichnungen werden ihm beigelegt auf Grund von Eigenschaften, die sich in den Geschöpfen finden. Da also auf Gott eine solche Bezeichnung, die ein Besonderes, Unterschiedenes, Im-Gegensatz-Stehendes zum Inhalt hat, höchstens in völlig abgeschwächtem Sinne zutreffen kann, deshalb sind positive Benennungen ohne Inhalt, wie Dionysius sagt . Nennst du ihn nämlich Wahrheit, so steht die Lüge entgegen, nennst du ihn Tugend, so steht das Laster entgegen, nennst du ihn Substanz, so steht das Akzidens entgegen usw. Da er aber nur Substanz ist, die alles ist und der nichts entgegensteht, nur Wahrheit ist, die alles ist und frei ist von Gegensatz, so können ihm jene partikularen Benennungen nur in unendlicher Weise in ihrer Bedeutung vermindert zukommen. Alle positiven Bezeichnungen, die gewissermaßen in ihm irgend etwas von ihrem Bedeutungsgehalt setzen, können ihm nicht zukommen, der ebensosehr alles wie irgend etwas ist.

79 Wenn deshalb positive Bezeichnungen auf Gott zutreffen, dann nur in seinem Bezug zu den Geschöpfen. Nicht als ob die Geschöpfe die Ursache für dieses Zutreffen der Bezeichnungen wäre, denn das Größte kann von den Geschöpfen nichts erhalten, vielmehr kommen sie ihm zu vermöge seiner unendlichen Schöpfermacht.

Gott konnte ja von Ewigkeit her schaffen, sonst wäre er nicht Allmacht. Obwohl ihm also der Name ‚Schöpfer' im Hinblick auf die Geschöpfe zukommt, so kam er ihm auch schon zu, bevor ein Geschöpf existierte, da er von Ewigkeit her schaffen konnte. Dasselbe gilt von der Gerechtigkeit und von allen anderen positiven Benennungen, die wir von den Geschöpfen auf Gott übertragen wegen einer gewissen Vollkommenheit, die sie bezeichnen. Freilich waren alle diese Benennungen von Ewigkeit her, schon bevor wir sie ihm zulegten, wahrhaftig in seiner

infinito nomine complicata, sicut et res omnes, quae per ipsa talia nomina significantur et a quibus per nos in deum transferuntur.

Et intantum hoc est verum de affirmativis omnibus, 80
quod etiam nomen trinitatis et personarum, scilicet patris et filii et spiritus sancti, in habitudine creaturarum sibi imponuntur. Nam cum deus ex eo quod unitas est sit gignens et pater, ex eo quod est aequalitas unitatis, genitus sive filius, ex eo quod utriusque conexio, spiritus sanctus, tunc clarum est filium nominari filium ex eo, quod est unitatis sive entitatis aut essendi aequalitas. Unde patet: ex hoc, quod deus ab aeterno potuit res creare, licet eas etiam non creasset, respectu ipsarum rerum filius dicitur. Ex hoc enim est filius, quod est aequalitas essendi res, ultra quam vel infra res esse non possent. Ita videlicet quod est filius ex eo, quod est aequalitas entitatis rerum, quas deus facere poterat, licet eas etiam facturus non esset, quas si facere non posset, nec deus pater vel filius vel spiritus sanctus, immo nec deus esset. Quare, si subtilius consideras, patrem filium gignere, hoc fuit omnia in verbo creare. Et ob hoc Augustinus verbum etiam artem ac ideam in respectu creaturarum affirmat.

Unde ex eo deus pater est, quia genuit aequalitatem 81
unitatis. Ex eo autem spiritus sanctus, quod utriusque amor est. Et haec omnia respectu creaturarum. Nam creatura ex eo, quod deus pater est, esse incipit; ex eo, quod filius, perficitur; ex eo, quod spiritus sanctus est, universali rerum ordini concordat. Et haec sunt in unaquaque re trinitatis vestigia. Et haec est sententia Aurelii Augustini exponentis illud Geneseos: «In principio creavit deus caelum et terram», dicens deum ex eo, quia pater, principia rerum creasse.

höchsten Vollkommenheit und in seinem unendlichen Namen umgriffen, so wie auch alle Dinge, die durch solche Namen bezeichnet werden und von denen diese Namen durch uns auf Gott übertragen werden.

80 Das trifft für alle positiven Bezeichnungen so sehr zu, daß ihm auch der Name der Trinität und die Namen der Personen des Vaters, Sohnes und des Heiligen Geistes nach seinem Bezug zu den Geschöpfen beigelegt werden. Denn da Gott, weil er Einheit ist, Erzeuger und Vater ist, weil er Gleichheit der Einheit ist, Gezeugter und Sohn, weil Verbindung beider, Heiliger Geist, so heißt eindeutig der Sohn deshalb Sohn, weil er die Gleichheit der Einheit, der Seiendheit oder des Seins ist. Daraus ergibt sich, daß × Gott deshalb, weil er von Ewigkeit her Dinge schaffen konnte, auch wenn er sie nicht geschaffen hätte, mit Bezug auf diese Dinge als Sohn bezeichnet wird. Er ist deshalb Sohn, weil er die Gleichheit des Seins der Dinge ist, oberhalb und unterhalb derer die Dinge nicht sein könnten. Das ist so zu verstehen, daß er Sohn deshalb ist, weil er die Gleichheit der Seiendheit der Dinge ist, die Gott schaffen konnte, auch wenn er sie nicht schaffen wollte. Hätte er sie nicht schaffen können, so wäre Gott nicht Vater, Sohn oder Heiliger Geist, ja, er wäre nicht Gott. Für schärferes Nachdenken bedeutet darum Zeugung des Sohnes durch den Vater: alles im Wort schaffen. Das ist der Grund, warum Augustinus das Wort auch im Hinblick auf die × Geschöpfe als Kunstfertigkeit und Idee bezeichnet.

81 Gott ist demnach darum Vater, weil er die Gleichheit der Einheit zeugte; darum Heiliger Geist, weil er beider gegenseitige Liebe ist; das alles aber mit Bezug auf die Geschöpfe. Denn die Schöpfung nimmt aus der Vaterschaft Gottes ihren Anfang, aus der Sohnschaft ihre Vollendung, aus dem Geistsein die Übereinstimmung mit der allgemeinen Ordnung der Dinge. Dies sind die Spuren der Trinität in jedem Ding. Das meint auch Augustinus, wenn er in der Auslegung jenes Wortes der Gene- × sis: „Im Anfang schuf Gott Himmel und Erde", sagt, Gott habe aus seinem Vatersein die Anfangsgründe der Dinge geschaffen.

Quare quidquid per theologiam affirmationis de deo 82
dicitur, in respectu creaturarum fundatur, etiam quoad illa sanctissima nomina, in quibus maxima latent mysteria cognitionis divinae, quae apud Hebraeos et Chaldaeos habentur, quorum nullum deum nisi secundum aliquam proprietatem particularem significat praeter nomen quattuor litterarum, quae sunt ioth he vau he, quod est proprium et ineffabile superius interpretatum. De quibus Hieronymus et Rabbi Salomon in libro Ducis neutrorum extense tractant, qui videri possunt.

Capitulum XXV 83

Gentiles deum varie nominabant creaturarum respectu[1]

Pagani pariformiter deum variis creaturarum respectibus nominabant: Iovem quidem propter mirabilem pietatem (ait enim Iulius Firmicus, quod Iuppiter adeo prosperum sidus sit, quod, si solus in caelo Iuppiter regnasset, «homines essent immortales»); ita Saturnum propter profunditatem cogitationum et inventionum in rebus vitae necessariis; Martem propter victorias bellicas; Mercurium propter consiliarem prudentiam; Venerem propter amorem conservativum naturae; Solem propter vigorem motuum naturalium; Lunam propter umoralem conservationem, in qua vita consistit; Cupidinem propter unitatem duplicis sexus, ob quam rem etiam Naturam ipsum vocarunt, quoniam per duplicem sexum species rerum conservat. Hermes ait omnia tam animalia quam non-animalia duplicis sexus, propterea causam omnium, scilicet deum, in se masculinum et femininum sexum dixit complicare, cuius Cupidinem et Venerem explicationem credebat. Valerius etiam Romanus idem affirmans canebat Iovem omnipotentem genitorem geni-

[1] creaturarum respectu *om. N I*

82 Alle Aussagen der affirmativen Theologie über Gott gründen demnach in Gottes Bezug zu den Geschöpfen. Das gilt auch für die hochheiligen Namen, die sich bei den Hebräern und Chaldäern finden, und in denen tiefste Geheimnisse der Gotteserkenntnis verborgen liegen. Es findet sich unter ihnen keiner, der nicht Gott gemäß irgendeiner besonderen Eigentümlichkeit bezeichnete. Eine Ausnahme bildet nur der Name aus den vier Buchstaben ioth · he · vau · he, der der eigentliche und unaussprechliche Name ist und den wir oben erklärt haben. Über diese Dinge handeln Hieronymus und Rabbi Salomon im Führer der Un- ×
schlüssigen ausführlich; ich verweise auf sie.

83 Kapitel 25

Im Hinblick auf die Geschöpfe gaben die Heiden Gott mannigfache Namen

Die Heiden benannten Gott gleichfalls nach seinen ×
mannigfachen Beziehungen zu den Geschöpfen. Sie nannten ihn Jupiter wegen seiner wunderbaren, würdigen Güte — Julius Firmicus sagt, Jupiter sei ein so günstiges Ge- ×
stirn, daß „die Menschen unsterblich wären“, würde er allein am Himmel regieren —, Saturn wegen der Tiefe der Gedanken und Erfindungen an lebensnotwendigen Dingen, Mars wegen kriegerischer Siege, Merkur wegen der Klugheit im Rat, Venus wegen naturerhaltender Liebe, Sol wegen der Kraft natürlicher Bewegung, Luna wegen der Bewahrung der Feuchtigkeit, auf der das Leben beruht, Cupido wegen der Einheit der beiden Geschlechter, weshalb man ihn auch Natur nannte, da er durch die beiden Geschlechter die Arten der Dinge erhält. Hermes erklärt ×
alles Belebte und Unbelebte für zweigeschlechtlich. Deshalb, so meinte er, begreife die Ursache von allem, Gott, das weibliche und männliche Geschlecht in sich. Cupido und Venus sind nach seiner Auffassung seine Ausfaltungen. In der gleichen Meinung preist der Römer Valerius den ×
allmächtigen Jupiter als zeugenden und gebärenden Gott.

tricemque deum. Unde dicebant Cupidinem, prout scilicet una res cupit aliam, filiam Veneris, hoc est ipsius pulchritudinis naturalis; Venerem vero Iovis aiebant omnipotentis filiam, a quo Natura et cuncta ipsam concomitantia.

84 Templa etiam, Pacis scilicet et Aeternitatis ac Concordiae, Pantheon, in quo erat altare Termini infiniti, cuius non est terminus, in medio sub divo, et consimilia nos instruunt paganos deum secundum respectum ad creaturas varie nominasse. Quae quidem omnia nomina unius ineffabilis nominis complicationem sunt explicantia. Et secundum quod nomen proprium est infinitum, ita infinita nomina talia particularium perfectionum complicat. Quare et explicantia possent esse multa et numquam tot et tanta, quin possent esse plura. Quorum quodlibet se habet ad proprium et ineffabile, ut finitum ad infinitum. Deridebant veteres pagani Iudaeos, qui deum unum infinitum quem ignorabant adorarunt. Quem tamen ipsi in explicationibus venerabantur, ipsum scilicet ibi venerantes, ubi divina sua opera conspiciebant. Et ista inter omnes homines differentia tunc fuit, ut omnes deum unum maximum, quo maius esse non posset, crederent. Quem alii, ut Iudaei et Sissennii, in sua simplicissima unitate, ut est rerum omnium complicatio, colebant, alii vero in his colebant, ubi explicationem divinitatis reperiebant, recipiendo notum sensibiliter pro manuductione ad causam et principium. Et in hac ultima via seducti sunt simplices populares, qui non sunt usi explicatione ut imagine, sed ut veritate. Ex qua re idolatria introducta est in vulgum, sapientibus ut plurimum de unitate dei recte credentibus, uti haec nota cuique esse possunt, qui Tullium De deorum natura ac philosophos veteres diligenter perspexerit.

Wie das eine das andere begehrt, so nannten sie deshalb Cupido das Kind der Venus, d. h. der natürlichen Schönheit. Venus aber bezeichneten sie als Tochter des allmächtigen Jupiter, von dem Natura und ihr ganzes Gefolge abstammt.

84 Auch die Tempel des Friedens, der Ewigkeit und der Eintracht, das Pantheon, in dem ein Altar des unendlichen Terminus, der keine Grenze kennt, in der Mitte unter freiem Himmel aufgestellt war, und ähnliche Tempel zeigen uns, daß die Heiden Gott gemäß der Beziehung zu den Geschöpfen verschieden benannten. Alle diese Namen sind indes nur Ausfaltungen der eingefalteten Fülle des einen unaussprechlichen Namens. Und weil dieser eigentliche Name unendlich ist, deshalb schließt er in sich eine unendliche Zahl solcher Namen von einzelnen Vollkommenheiten. So können der ausfaltenden Bezeichnungen × viele sein und doch nie so viele und so umfassende, daß ihre Zahl sich nicht vermehren ließe. Jeder von diesen Namen verhält sich zum eigentlichen und unaussprechlichen Namen wie Endliches zum Unendlichen.

Die alten Heiden lachten über die Juden, die den einen unendlichen Gott anbeteten, den sie nicht kannten. Und doch verehrten auch sie ihn in seinen Entfaltungen, indem sie ihn dort verehrten, wo sie seine göttlichen Werke erblickten. Damals bestand unter allen Menschen der Unterschied, daß zwar alle an den einen größten Gott, dem gegenüber es etwas Größeres nicht geben kann, glaubten, den die einen, wie die Juden und die Sissennier , in seiner × schlechthin einfachen Einheit als Inbegriff aller Dinge verehrten, die anderen aber in dem, wo sie eine Entfaltung der Gottheit fanden. Sie nahmen das sinnenfällig Bekannte als Hinweis auf die Ursache und den Ursprung. Dadurch wurden die einfachen Menschen des Volkes irregeleitet. Sie nahmen die Entfaltung nicht als Bild, sondern für die Wahrheit. So kam der Götzendienst ins Volk, während die Weisen meist über die Einheit Gottes richtig dachten. Diese Tatsachen könnten jedem vertraut sein, der des Tullius Schrift Über die Natur der Götter und die alten Philoso- × phen aufmerksam liest.

Non negamus tamen quosdam ex paganis non intellexisse 85 deum, cum sit entitas rerum, aliter quam per abstractionem extra res esse, sicut materia prima extra res non nisi per abstrahentem intellectum exsistit. Et hi tales deum in creaturis adorarunt, qui etiam rationibus idolatriam astruebant. Quidam etiam deum devocabilem putarunt. Quorum quidam in angelis eum devocabant, ut Sissennii. Gentiles vero devocabant eum in arboribus, qualia de arbore Solis et Lunae leguntur. Et quidam in aëre, aqua vel templis certis carminibus eum devocabant. Qui omnes qualiter seducti sint et longe fuerint a veritate, praemissa ostendunt.

Capitulum XXVI 86

De theologia negativa

Quoniam autem cultura dei, qui adorandus est «in spiritu et veritate», necessario se fundat in positivis deum affirmantibus, hinc omnis religio in sua cultura necessario per theologiam affirmativam ascendit deum ut unum ac trinum, ut sapientissimum, piissimum, «lucem inaccessibilem», vitam, veritatem et ita de reliquis adorando, semper culturam per fidem, quam per doctam ignorantiam verius attingit, dirigendo; credendo scilicet hunc, quem adorat ut unum, esse uniter omnia; et quem ut inaccessibilem lucem colit, non quidem esse lucem, ut est haec corporalis, cui tenebra opponitur, sed simplicissimam et infinitam, in qua tenebrae sunt lux infinita; et quod ipsa infinita lux semper lucet in tenebris nostrae ignorantiae, sed tenebrae eam comprehendere nequeunt. Et ita theologia negationis adeo necessaria

85 Wir bestreiten indes nicht, daß einige unter den Heiden nicht erkannt haben, daß Gott als die Seiendheit der Dinge in anderer Weise außerhalb der Dinge ist als durch Abstraktion, wie dies bei der ersten Materie der Fall ist, die × außerhalb der Dinge nur dank der abstrahierenden Vernunft existiert. Sie haben Gott in den Geschöpfen angebetet und den Götzendienst noch durch Vernunftgründe gestützt. Manche glaubten auch, man könne Gott beschwören. Darunter haben einige ihn in der Gestalt von Engeln beschworen, wie die Sissennier. Die Heiden beschworen ihn in Bäumen, wie man es vom Sonnen- und Mondbaum lesen kann . Wieder andere beschworen ihn in der Luft, × im Wasser oder in Tempeln mit Hilfe von bestimmten Anrufungen. Wie sehr sie alle in die Irre gingen und weit von der Wahrheit sich entfernten, das erweisen unsere früheren Überlegungen.

86

Kapitel 26

Die negative Theologie

Da aber die Verehrung Gottes, der „im Geist und in der Wahrheit“ angebetet sein will, notwendigerweise in posi- × tiven Aussagen über Gott gründet, so nimmt jede Religion in ihrer Gottesverehrung notwendigerweise ihren Aufstieg über eine affirmative Theologie, indem sie Gott als den Einen und Dreifaltigen, als den Weisesten und Gütigsten, als „unzugängliches Licht“ , als Leben, als Wahrheit usw. × anbetet, wobei sie immer den Kult durch den Glauben bestimmt sein läßt, den sie mit Hilfe der belehrten Unwissenheit richtiger erfaßt. Sie glaubt demgemäß, daß der, den sie als Einen anbetet, in seiner Einheit alles ist; daß der, den sie als unzugängliches Licht verehrt, nicht Licht im Sinne dieses körperhaften Lichtes ist, zu dem die Finsternis in Gegensatz steht, sondern absolut einfaches und unendliches Licht, in dem die Finsternis unendliches Licht ist; daß das unendliche Licht stets im Dunkel unserer Unwissenheit leuchtet, die Finsternis es aber nicht begreifen kann . Damit ist jedoch die negative Theologie für ×

est quoad aliam affirmationis, ut sine illa deus non coleretur ut deus infinitus, sed potius ut creatura. Et talis cultura idolatria est, quae hoc imagini tribuit, quod tantum convenit veritati. Hinc utile erit adhuc parum de negativa theologia submittere.

87 Docuit nos sacra ignorantia deum ineffabilem; et hoc, quia maior est per infinitum omnibus, quae nominari possunt; et hoc quidem quia verissimum, verius per remotionem et negationem de ipso loquimur, sicuti et maximus Dionysius, qui eum nec veritatem nec intellectum nec lucem nec quidquam eorum, quae dici possunt, esse voluit. Quem Rabbi Salomon et omnes sapientes sequuntur. Unde neque pater est neque filius neque spiritus sanctus secundum hanc negativam theologiam, secundum quam est infinitus tantum. Infinitas vero, ut infinitas, neque generans est neque genita neque procedens. Quare Hilarius Pictaviensis[1] subtilissime dixit, dum personas distingueret: «In aeterno, inquit, infinitas, species in imagine, usus in munere», volens quod, quamvis in aeternitate non nisi infinitatem possumus videre, tamen ipsa infinitas, quae est ipsa aeternitas, cum sit negativa, non potest intelligi ut generans, sed bene aeternitas, quoniam aeternitas est affirmativa unitatis sive praesentiae maximae, quare principium sine principio. ‹Species in imagine› dicit principium a principio, ‹usus in munere› dicit processionem ab utroque.

88 Quae omnia per praemissa notissima sunt. Nam quamvis aeternitas sit infinitas, ita quod aeternitas non sit maior causa patris quam infinitas, tamen secundum considerationis modum aeternitas patri attribuitur et non filio nec spiritui sancto, infinitas vero non plus uni personae quam alteri; quoniam ipsa infinitas secundum considerationem unitatis pater est, secundum considerationem aequalitatis

[1] pictavensis *N I T*

die affirmative so unentbehrlich, daß Gott ohne sie nicht als der unendliche Gott verehrt würde, sondern vielmehr als Geschöpf. Eine solche Gottesverehrung aber ist Götzendienst, der dem Bilde gibt, was nur der Wahrheit gebührt. Es wird deshalb von Nutzen sein, noch einiges über die negative Theologie anzufügen.

87 Die heilige Unwissenheit hat uns die Unaussprechlichkeit Gottes gelehrt, und zwar wegen seiner unendlichen Erhabenheit über alles, was sich benennen läßt. Weil dies unbedingt wahr ist, sprechen wir richtiger von ihm, wenn wir alles Geschöpfliche abstreifen und verneinen. Der große Dionysius wollte ihn darum weder Wahrheit noch ×
Vernunft noch Licht noch irgendetwas von dem genannt wissen, was man aussprechen kann. Seinem Beispiel folgten Rabbi Salomon und alle Weisen. Gemäß dieser nega- ×
tiven Theologie ist er deshalb weder Vater noch Sohn noch Heiliger Geist. Er ist nur der Unendliche. Die Unendlichkeit als solche aber ist weder Zeugen noch Gezeugtwerden noch Hervorgehen. Hilarius von Poitiers hat dar- ×
um bei der Unterscheidung der Personen die scharfsinnige Wendung gebraucht: „Im Ewigen Unendlichkeit, Idee im Bild, Ausübung in der Gabe". Er wollte damit sagen, daß wir zwar in der Ewigkeit nur die Unendlichkeit zu sehen vermögen, die Unendlichkeit aber, die Ewigkeit ist, trotzdem wegen ihrer Negativität nicht als erzeugend aufgefaßt werden kann, wohl aber die Ewigkeit, da die Ewigkeit die affirmative Bezeichnung für die Einheit, d. h. die reine Gegenwart ist. Sie ist deshalb Ursprung ohne Ursprung. ‚Idee im Bild' bedeutet Prinzip vom Prinzip, ‚Ausübung in der Gabe' bedeutet Hervorgang aus beiden.

88 Das alles ist durch die früher angestellten Überlegungen deutlich geworden. Obschon nämlich die Ewigkeit Unendlichkeit ist, so daß die Ewigkeit nicht in größerem Maße Sache des Vaters ist als die Unendlichkeit, so wird doch in der Art der Betrachtung die Ewigkeit dem Vater zugeschrieben und nicht dem Sohn oder dem Heiligen Geist, die Unendlichkeit jedoch nicht einer Person mehr als der anderen. Betrachtet man nämlich die Einheit, so ist die Unendlichkeit Vater; betrachtet man die Gleichheit der

unitatis filius, secundum considerationem conexionis spiritus sanctus, secundum simplicem considerationem infinitatis nec pater nec filius nec spiritus sanctus; licet ipsa infinitas, sicut et aeternitas, quaelibet trium personarum sit, et e converso quaelibet persona infinitas et aeternitas: non tamen secundum considerationem — ut praefertur —, quoniam secundum considerationem infinitatis deus nec unum est nec plura. Et non reperitur in deo secundum theologiam negationis[2] aliud quam infinitas. Quare secundum illam nec cognoscibilis est in hoc saeculo neque in futuro, quoniam omnis creatura tenebra est eo respectu, quae infinitum lumen comprehendere nequit, sed sibi solus notus est.

Et ex his manifestum est, quomodo negationes sunt verae 89
et affirmationes insufficientes in theologicis, et nihilominus, quod negationes removentes imperfectiora de perfectissimo sunt veriores aliis, ut quia verius est deum non esse lapidem quam non esse vitam aut intelligentiam, et non esse ebrietatem quam non esse virtutem. Contrarium in affirmativis. Nam verior est affirmatio deum dicens intelligentiam ac vitam quam terram, lapidem aut corpus.

Ista enim omnia clarissima sunt ex praehabitis. Ex quibus concludimus praecisionem veritatis in tenebris nostrae ignorantiae incomprehensibiliter lucere. Et haec est illa docta ignorantia, quam inquisivimus. Per quam tantum ad infinitae bonitatis deum maximum unitrinum secundum gradus doctrinae ipsius ignorantiae accedere posse explicavimus, ut ipsum ex omni nostro conatu de hoc semper laudare valeamus, quod nobis se ipsum ostendit incomprehensibilem,

qui est super omnia in saecula benedictus[3].

[2] negativam *I*
[3] Finit liber primus *N*
Finis libri primi *I*
Finit de docta ignorancia liber primus *T*

Einheit, so ist sie Sohn; betrachtet man die Verbindung, so ist sie Heiliger Geist. Betrachtet man die Unendlichkeit schlechthin, so ist sie weder Vater noch Sohn noch Heiliger Geist. Dabei ist freilich die Unendlichkeit und ebenso die Ewigkeit irgendeine der drei Personen und umgekehrt jede Person Unendlichkeit und Ewigkeit. Für die Betrachtung jedoch gilt das, wie gesagt, nicht. Denn unter dem Gesichtspunkt der Unendlichkeit ist Gott weder Eines noch vieles. Vom Standpunkt der negativen Theologie findet sich in Gott nichts als Unendlichkeit. Ihr zufolge ist er darum weder in dieser noch in der künftigen Welt erkennbar, da jedes Geschöpf, welches das unendliche Licht nicht zu erfassen vermag, ihm gegenüber Finsternis ist. Er ist vielmehr nur sich selbst bekannt.

89 Daraus erhellt, daß in theologischen Aussagen Verneinungen wahr und positive Aussagen unzureichend sind. Ebenso sind die negativen Aussagen umso wahrer, je mehr sie Unvollkommenheiten vom schlechthin Vollkommenen abwehren, so wie es wahrer ist, daß Gott nicht Stein ist, als daß er nicht Leben oder Vernunft ist, und wahrer, daß er nicht Trunkenheit, als daß er nicht Tugend ist. Bei den bejahenden Aussagen gilt das Umgekehrte, denn die Aussage, die Gott Vernunft und Leben nennt, ist wahrer als die, welche ihn als Erde, Stein oder Körper bezeichnet.

Das alles ist auf Grund der früheren Überlegungen klar. Wir ziehen daraus den Schluß, daß die genaue Wahrheit im Dunkel unserer Unwissenheit in der Weise des Nichterfassens aufleuchtet. Das ist die belehrte Unwissenheit, die wir gesucht haben. Durch sie allein vermögen wir, wie gezeigt, dem größten dreieinigen Gott in seiner unendlichen Güte je nach dem Rang der Wissenschaft von der Unwissenheit nahe zu kommen, um ihn aus all unserer Kraft immerdar dafür zu preisen, daß er uns sich selbst als unfaßbar gezeigt hat.

Er sei in Ewigkeit hochgebenedeit . ×

ANMERKUNGEN

Die Nachträge und Ergänzungen zu den Anmerkungen des Quellenapparates der ersten Auflage machten eine Änderung in der Zählung erforderlich. Die Anmerkungen der vorliegenden vierten Auflage sind auf die Paragraphennummern des deutschen Textes bezogen (**n. 1** usw.). Der Benutzer wird durch × auf dem Rand neben der deutschen Übersetzung auf eine Anmerkung hingewiesen. Zur leichteren Orientierung wird in diesem Anmerkungsteil neben der Paragraphenzählung das Stichwort in *kursiv* angegeben, auf das die Anmerkung sich bezieht.

n. 1 *von der belehrten Unwissenheit*: Der Begriff der „docta ignorantia" wird in der Forschungsliteratur häufig und zu Recht als Cusanische Prägung bezeichnet. Man findet ihn wiederholt in den Schriften des Nikolaus, z. B. Idiota de sapientia I n. 11 (V 13, 6); Apologia doctae ignor. n. 3 f. (II 3, 3 f.; 4, 9); De ven. sap. XI n. 30, 10; 12 nn. 31—33; 26 n. 79, 1. Gerade diese letzte Textstelle zeigt, daß Nikolaus die „docta ignorantia" als Prinzip und Regel auffaßt (regula doctae ignorantiae). Vor allem in dieser Verwendung zeigt sich das typisch Cusanische des Begriffs, der indes nicht ohne Vorgeschichte ist. Für die Vorgeschichte des Begriffs kann ungeachtet aller notwendigen Differenzierungen auf den Sokratischen Begriff des Nichtwissens verwiesen werden; vgl. dazu De docta ignor. I 1 n. 4, 3 f. Nikolaus selbst stellt sich vor allem in die Tradition von Ps. — Dionysius (vgl. Epistula I Ad Gaium, PG 3, 1065 A; Dionysiaca I 605 ff.) und Augustinus (vgl. z. B. Epistula 130, XV 28, CSEL XLIV p. 72, 13; Sermo 117, 3 n. 5, PL 38, 663; Sermo 301, 4 n. 3, l. c. 1382); vgl. dazu Apologia doctae ignor. n. 17 (II 12, 22—13, 19). Zum Wortgebrauch s. auch Bonaventura, Breviloquium, pars 5 cap. 6 (V 260a). —

Verwandte Begriffe bei Nikolaus sind doctrina ignorantiae (De docta ignor. I 2 n. 5, 3), scientia ignorantiae (Idiota de sapientia I n. 4 [V 5, 7]; Apologia doctae ignor. n. 3 [II 3, 2. 5]) und sacra ignorantia (Apologia doctae ignor. n. 31 [II 22, 2]).

Zur Übersetzung „Die *belehrte* Unwissenheit" vgl. Compendium 6 n. 18, 9—14: Habet se enim homo ut homo ad brutum ut doctus homo ad indoctum. Doctus enim litteras alphabeti videt et similiter indoctus; sed doctus ex varia illarum combinatione syllabas atque ex syllabis dictiones et de illis orationes componit, quod indoctus facere nequit ob defectum artis, quae ab exercitato intellectu acquisita docto inest. Die Verwendung von doctus bzw. indoctus an dieser Stelle zeigt, daß nicht der „Gelehrte", sondern der „belehrte Mensch" gemeint ist. Ähnlich scheint der Begriff „docta ignorantia" wie auch der Titel der Schrift — De docta ignorantia — verstanden werden zu müssen. Beide bezeichnen nicht so sehr das „Wissen des Nichtwissens", eine Deutung, die A. Schmid in seiner Übersetzung für De docta igno-

rantia bietet. Nur in dieser Bedeutung könnte der Mensch als „gelehrt“ angesehen werden. Vielmehr bezeichnen sie den gewonnenen Zustand, in dem der Mensch in kritischer Erkenntnisreflexivität darüber „belehrt“ ist, daß sein Wissen als ein solches, das durch Vergleichen und in Verhältnisbezügen (n. 3) geschieht, „die Wahrheit der Dinge nicht genau erreicht“ (n. 10, 1 ff.). Diesen Bewußtseinsgrad erreicht zu haben, nennt Nikolaus (vgl. n. 4) die Belehrung über die Unwissenheit als spezifische Wissensform des Menschen.

Zum Wortgebrauch „belehrt“ vgl. auch J. Koch, Die Ars coniecturalis des Nikolaus von Kues, S. 7 und 12; ferner K. H. Volkmann — Schluck, Nicolaus Cusanus S. 2 ff.

n. 3 *Erkenntnisprinzip von allem*: Vgl. Aristoteles, Met. A 5 985 b 26 ff.

n. 4 *Sokrates*: Vgl. Platon, Apologie 23 B. Nikolaus konnte die Nachricht aus Eckhart entnehmen, der aus Hieronymus schöpft. Vgl. Eckhart, Expos. libri Exodi n. 184 (LW II 158,14).

der weise Salomon: Ecclesiastes 1, 8.

gottbegnadeter Denker: Job 28, 21.

Aristoteles: Met. α 1 993 b 9—11.

n. 5 *Wesensmerkmal des Einen*: Vgl. Meister Eckhart, Expos. libri Sapientiae n. 147, 5 f. (LW II 485) und Thomas, S. c. gent. I 42 § Non enim.

der allein im unzugänglichen Lichte wohnt: 1 Tim. 6, 16.

n. 9 *Disproportionalität des Unendlichen gegenüber dem Endlichen*: Die Lehre von der Disproportionalität zwischen Unendlichem und Endlichen läßt sich inhaltlich bis auf Aristoteles zurückführen; vgl. z. B. De caelo A 6 274 a 7; 7 275 a 13. In der Formulierung infiniti autem ad finitum nulla est proportio ist sie auch den mittelalterlichen Denkern vertraut; vgl. z. B. Thomas, De ver. q. 2 a. 3, 4; S. th. I q. 2 a. 2 u. ö. In den Schriften des Nikolaus findet sie sich wiederholt: die früheste Formulierung in Sermo I n. 34 ed. p II 1 fol. 27^{r}, 10: finiti ad infinitum nulla est proportio; vgl. ferner Sermo III n. 11 l. c. fol. 31^{v}, 4 sq. v. u.; Sermo XVI n. 32 CT I 1 p. 30, 20; De docta ignor. II 2 n. 102, 4 f. (Schriften Heft 15 b, S. 18); Apologia doctae ignor. n. 27 (II 18, 26 f.) und n. 47 (l. c. 32, 7 f.); De vis. dei 23 (ed. p I fol. 112^{r}, 1 sq.); De pace fidei I n. 5 (VII 7, 2 und Annot. 6 p. 69); Epistula ad Ioannem de Segobia II (VII 98, 10).

Übereinstimmung und Verschiedenheit: Vgl. Thierry v. Chartres, Lectiones I 46 (p. 145): Quaecumque differunt, aut genere aut specie aut numero differunt quia, quaecumque conveniunt, aut genere, aut specie aut numero conveniunt. Vgl. dazu auch Boethius, De trinitate I 15 ff. (Stewart — Rand S. 6).

n. 10 *Ähnlichkeitsbeziehung*: Vgl. De ven. sap. XXXIX n. 124 (Schriften Heft 14 S. 187).

n. 11 *da es all das ist, was es sein kann*: Zur Formel esse omne id quod esse potest vgl. die Parallelstellen und Quellenbelege zu Compendium, Epilogus n. 45, 7 f. (XI 3 p. 34 Anm. zu Zeile 7). Über die zwei grundsätzlichen Bedeutungsmöglichkeiten der Formel vgl. K. Bormann: Compendium, lateinisch-deutsche Ausgabe, Schriften Heft 16 Anm. 6 zum Epilog, S. 82.

n. 13 *später noch eine faßlichere Darstellung*: Vgl. unten Kap. 10ff.

Man muß deshalb: Die These von Kap. 5 (Das Größte ist Eines) soll an konvergierenden Zahlenreihen verdeutlicht werden: In der Progression der Zahlenreihe gelangt man zu der aktual größten, nicht aber zu der absolut größten Zahl, die unendliche Zahl wäre. Die Zahl ist aber endlich. Deshalb kann es die absolut größte Zahl nicht geben. Anders verhält es sich beim Abstieg in der Zahlenreihe. In der Regression gelangt man zu einem aktual Kleinsten. Dieses ist die Einheit. Sie ist das absolut Kleinste. Die Einheit ist deshalb nicht Zahl — als Zahl müßte sie ja finit sein —, sondern Prinzip der Zahl. — Vgl. hierzu auch De docta ignor. II 1 n. 96, 15f., besonders De docta ignor. III 1 n. 187, 13—15; n. 188, 7—9 sowie die Anm. zu n. 187, 13f. (Schriften Heft 15 b S. 10; Heft 15 c S. 8, 10 und 105).

n. 14 *Einheit kann aber nicht Zahl sein*: Daß die Einheit oder die Eins nicht Zahl ist, weil sie Prinzip der Zahl ist und die Zahl entfaltete Einheit ist, betont Nikolaus häufig, z. B. De coniecturis I 2 n. 7 f.; vgl. dazu die Anmerkungen zu der genannten Textstelle in Apparat III. Vgl. ferner auch Thierry v. Chartres, Commentum II 59 (p. 108) und Lectiones VII 7 (p. 223), wo gesagt wird, daß die Einheit die Zahl macht (unitas autem numerum facit). *Die Einheit als Prinzip jeder Zahl und Vielheit:* vgl. Lectiones II 4 (p. 153). Es ist aber auch an die dem Nikolaus bekannte Stelle aus dem Sapientiakommentar des Meister Eckhart zu denken: Expos. libri Sapientiae n. 149 (LW II 486 f.). Dort führt Eckhart in Anschluß an Macrobius (Comment. in Somnium Scipionis I 6 n. 7 f., Willis II 19, 24—20, 3) aus, daß das Eine nicht Zahl, sondern Ursprung aller Zahlen ist. Vgl. Wackerzapp S. 23 f. Vgl. auch Aristoteles, Met. M 8 1083 a 24.

kein Mehr oder Weniger in sich auf: Daß die Einheit dem Bereich des magis und minus wesenhaft entzogen ist, las Nikolaus bei Meister Eckhart, z. B. Expos. s. evangelii sec. Iohannem n. 208, 290 und 389 (LW III 176, 1; 242, 9), ferner Expos. libri Sapientiae n. 132 (LW II 470, 2). Vgl. dazu Wackerzapp S. 26.

dein Gott ist Einer: Deuter. 6, 4.

Vater im Himmel: Matth. 23, 8 f.

ausgehenden Vielheiten der Dinge: Thierry v. Chartres, Commentum I 14 (p. 89): Ab unitate igitur per alteritatem descendit pluralitas. Lectiones II 5 (p. 153): Omnem enim pluralitatem necesse est ab unitate descendere.

n. 15 *wie die Regel sagt*: Nach De ven. sap. XXVI 79 (Schriften Heft 14 S. 121) lautet die „Regel der belehrten Unwissenheit, daß man in den Dingen, die ein Mehr oder Weniger annehmen, niemals zu einem schlechthin Größten oder einem schlechthin Kleinsten kommt, wohl aber zu einem tatsächlich Größten und Kleinsten". Vgl. die erste Formulierung der Regel: Docta ign. I 3 n. 9 S. 12 f.

n. 17 *das über alle Bezeichnungen erhaben ist*: Phil. 2, 9.

n. 18 *Marcus Varro Über die Altertümer*: Die Quelle des Nikolaus, die wir nicht kennen, hat offenbar die Antiquitates des Josephus (XV 371 ff.; XVIII 18) mit dem gleichnamigen Werk des Marcus Varro verwechselt. Dabei wurde der Name Essener in Sissennier verändert. S. Anm. zu h I S. 14. 25 f.

jene Einheit als eine dreifaltige: Diese Nachricht bringt u. a. Johannes v. Salisbury, De septem septenis sect. VII (PL 199, 961 C).

Veränderlichkeit: Thierry, Commentum II 39 (p. 103); Lectiones I 32 (p. 140).

Andersheit: Bei der Spekulation über den Begriff der Andersheit folgt Nikolaus weitgehend der Lehre der Schule von Chartres, vor allem Thierry (vgl. schon die vorige Anmerkung). Das Unveränderliche und Ewige geht der Veränderlichkeit voran: vgl. Lectiones II 5 (p. 153) und Glossa V 19 (p. 320). Die Andersheit jedoch besteht aus dem Einen und dem Anderen: vgl. Commentum II 39 (p. 103). Vgl. auch Boethius, De trinitate I 13 ff. (Stewart — Rand p. 6); ferner De coniecturis I 9 nn. 37—43 (De unitate et alteritate).

n. 19 *das Gleiche*: Vgl. Thierry v. Chartres, Commentum II 36 (p. 101) und Tractatus 43 f. (p. 140).

die erste Andersheit: Thierry v. Chartres, Lectiones I 33 (p. 140): Nam ubi alteritas, ibi est pluralitas. Quod patet ex hoc quod prima alteritas, quae ab unitate descendit, scilicet binarius, pluralitatem facit.

n. 20 *die Ursache der Verbindung*: Die Bestimmung der Verbindung als Einheit findet sich bei Thierry v. Chartres, Lectiones VII 7 (p. 223): Conexio enim unitas est.

n. 21 *mehrere Ewige*: Thierry v. Chartres, Tractatus 40 (p. 197): At duo aeterna vel plura esse non possunt. Unitas igitur et aequalitas unitatis unum sunt. Vgl. auch Glossa V 21 (p. 321) und Lectiones V 16 (p. 215); ferner Anmerkung 2 zu n. 37.

Pythagoras: Vgl. Anmerkung 2 zu n. 18.

n. 22 *Kapitel 8*: In den Kapiteln 7—9 sowie in Kapitel 24 finden sich starke Anklänge an die Schule von Chartres. Zum erstenmal hat Pierre Duhem (Thierry de Chartres et Nicolas de Cues, in: Revue des Sciences Philos. et Théol. 30 (1909) S. 525—531) dar-

auf aufmerksam gemacht. Für die vorliegende Auflage wurden erneut besonders die inzwischen von N. M. Haring edierten Werke des Thierry von Chartres und des Clarenbaldus von Arras (vgl. hierzu den Literaturnachweis) verglichen. Im vorhergehenden wie im folgenden werden weitere Hinweise auf Quellenvorlagen und Parallelstellen vor allem in den drei Kommentaren des Thierry zu Boethius De trinitate sowie dem Tractatus (De septem diebus) und den Schriften des Clarenbaldus gegeben. — Vgl. auch J. Koch, Augustinischer und dionysischer Neuplatonismus und das Mittelalter, in: Kant-Studien 48 (1956/57) S. 130.

Die Einheit ist gleichsam die Seiendheit: Zu dem Versuch, den Begriff der unitas etymologisch von griech. ὦντας zu deuten, vgl. Thierry v. Chartres, Lectiones II 48 und besonders VII 5 (p. 168 und 222), ferner auch Glossa V 18 (p. 320) und Commentum II 22 (p. 97). Da der Text des Commentum dem Text des Nikolaus am nächsten kommt, kann an dieser Stelle das Commentum wohl als Vorlage angesehen werden. Der Text des Commentum lautet: Unitas quasi onitas ab on graeco i. e. entitas. Vgl. auch die weiteren Quellenbelege bei Hoffmann — Klibansky (I p. 17).

die Form des Seins: Neben der in den Opera omnia I p. 17 ad 7 sq. zitierten Textstelle (= Commentum II 17 p. 96) vgl. auch Thierry, Lectiones II 37 (p. 164) und Tractatus 31 (p. 195). Der Begriff forma essendi geht auf Boethius zurück, vgl. Quomodo substantiae 28—30 (Stewart — Rand p. 40). Vgl. auch Gilbert von Poitiers, Comment. in l. De hebdomadibus (De bonorum hebdomadibus) n. 7 (ed. N. M. Haring, Traditio 9 [1953] p. 189).

Gleichheit des Seins oder Existierens: Zum Begriff der aequalitas essendi sive exsistendi vgl. Thierry v. Chartres, Commentum II 32 f. und 35 (p. 100); Lectiones II 38 (p. 165) und Tractatus 45 (p. 199).

weder mehr noch weniger: Thierry v. Chartres, Lectiones VII 6 (p. 222): Aequalitas autem dicitur ubi non est nec plus nec minus praeter id, quod convenit ad esse rei. Vgl. auch Glossa V 19 ff. (p. 319); Commentum II 31 (p. 100).

n. 23 *Diese Zeugung ist ewig*: Über die Zeugung der Gleichheit als innergöttliche Relation vgl. Thierry v. Chartres, Glossa V 18 ff. (p. 320 f.); Commentum II 30 (p. 100); Lectiones V 16 (p. 215); Clarenbaldus v. Arras, Tractatus II 34 f. (LaW 120).

n. 24 *Hervorgang der Verknüpfung*: Vgl. Thierry v. Chartres, Commentum II 38 (p. 102); Clarenbaldus v. Arras, Tractatus II 29 f. (LaW 122 f.).

n. 25 *dieses, das, dasselbe*: Vgl. Boethius, De trin. cap. 6, 18 f. (Stewart — Rand p. 28) und Ps. — Beda, Comment. in librum Boethii De trin. (PL 95, 400 BC). Das Werk wird Gottfried von Auxerre zugeschrieben.

Einheit, Dasheit, Dasselbigkeit: Diesen Ternar scheint Nikolaus in Anschluß an den in der vorigen Anmerkung erwähnten Text selbst formuliert zu haben. Vgl. auch De pace fidei VIII n. 24, 7 (VII p. 25).

n. 26 *Kirchenlehrer*: Der Ternar unitas, aequalitas, conexio findet sich bei Ps. — Beda, Comment. in librum Boethii De trin. (PL 95, 395 B) und Johannes v. Salísbury, De septem sept. VII (PL 199, 961 B). Er geht auf Augustinus zurück (unitas, aequalitas, concordia) De doctr. christ. I 5 (CCSL XXXII 9). Neben den in Opera omnia I p. 18 genannten Quellen und Parallelstellen vgl. ferner noch Thierry v. Chartres, Lectiones V 16 (p. 215) und Glossa V 17 (p. 320).

Pythagoras: Vgl. Anmerkung 2 zu n. 18 und Anmerkung 2 zu n. 21.

n. 27 *Martianus sagt*: Nikolaus entnimmt diese Nachricht aus Johannes v. Salísbury, De septem sept. VII (PL 199, 961 C), wo statt philologia bei Martianus Capella (De nuptiis Philol. et Merc. II 135 p. 59 Dick) philosophia geschrieben wird.

n. 28 *Erkennendes, Erkennbares und Erkennen*: Diesen aus dem Bereich der „Grammatica speculativa" stammenden Ternar entnimmt Nikolaus der lullschen Korrelativenspekulation. Vgl. E. Colomer, Nikolaus von Kues und Raimund Llull, Quellen u. Studien zur Gesch. d. Philos. Bd II Berlin 1961 S. 89 ff. Dort Verweise auf Plotin u. Augustinus.

n. 29 *das Hervorgehen aus beiden*: Vgl. Thierry v. Chartres, Glossa V 12 f. (p. 318): Deus enim quia est principium sine principio aeternaliter gignens Filium, ex se atque omnipotens Pater est. Quia vero est principium de principio genitum idipsum sapiens existens coaeternum primo principio Filius est. Sed quia est idem principium, idem ab utroque principio procedens atque amor utriusque coaeternus atque coaequalis Spiritus sanctus est. Zur Formel principium sine principio vgl. Augustinus, Contra Maximinum II 17, 4 (PL 42, 784).

n. 30 *Kapitel 11*: Im ganzen Kapitel zeigt sich die Benützung von Boethius, Institutio arithmetica (ed. G. Friedlein, Leipzig 1867, photomech. Nachdruck Frankfurt 1966). Vgl. auch Anmerkung 1 zu n. 36.

unsere weisen und gotterleuchteten Lehrer: Vgl. insbes. Ps. Dionysius, De div. nom. II 7, VII 3 (PG 3, 645 A; 869 C sq.; Dionysiaca I 94 sq., 402 sqq.). Die zweite Stelle wird auch De ven. sap. XXX 89 zitiert (Schriften Heft 14 S. 137).

Bilder der unsichtbaren Dinge: Vgl. Röm. 1, 20.

im Spiegel und Gleichnis: I Kor. 13, 12.

n. 31 *Boethius*: Institutio arithm. I 1 (Friedlein p. 9, 6 ff.).

n. 32 *Studium der Zahlen*: Vgl. die Anmerkung zu n. 3.

die Platoniker: Darunter sind hier wohl in erster Linie die Neuplatoniker zu verstehen, vor allem Proklos. Vgl. etwa In Platon. theol. IV 34 (ed. Aemilius Portus p. 234).

Augustinus: Ad Orosium 8 (PL 42, 674).

Boethius: Institutio arithm. I 2 (Friedlein p. 12, 14—17). Nikolaus übernimmt die Formulierung wörtlich. Sie findet sich häufig in den Schriften der Autoren des Mittelalters, z. B. bei Thierry v. Chartres, Glossa I 38 (p. 277); Lectiones I 51 (p. 147); Clarenbaldus v. Arras, Tractatus IV 25 (LaW p. 154); Albertus Magnus, Metaphysica I tract. 4 cap. 2 (Opera omnia XVI 1 p. 50 a 30 ff.); Bonaventura, Itinerarium mentis in deum 2 n. 10 (Opera omnia V p. 302 b); Alanus ab Insulis, Sermo de trinitate (Alain de Lille. Textes inédits, ed. M.-Th. d'Alverny S. 255).

Aristoteles: Vgl. Met. H 3 1043 b 33.

Wie das Dreieck im Viereck: Aristoteles, De an. B 3 414 b 29—31.

Aurelius Augustinus: De quant. animae 8 — 12 (PL 32, 1042 — 1047).

Boethius: Vgl. Institutio arithm. I 1 (Friedlein p. 7 sqq.).

Pythagoreern und Peripatetikern: Die Überlieferung, daß die Pythagoreer und Peripatetiker den Atomismus mit mathematischen Argumenten bekämpften, fand Nikolaus bei Albert d. Gr. Vgl. Met. I tr. 4 c. 1 sq. (Opera omnia XVI 1 ed. B. Geyer, 1960, p. 47—50).

n. 34 *Anselm*: De veritate X (Opera omnia I, ed. F. S. Schmitt p. 189).

Andere erfahrene Männer: Die Frage der Quellen für die vier unendlichen mathematischen Figuren (Gerade, Dreieck, Kreis, Kugel) als Symbol Gottes ist in der Forschung lebhaft diskutiert worden. Das Symbol des unendlichen gleichseitigen Dreiecks, das eine lange Vorgeschichte hat, lernte Nikolaus durch seinen Kölner Lehrer Heimeric van den Velde kennen. (Vgl. Tractatus de sigillo aeternitatis, Cod. Cus. 106 f. 77r; Colomer S. 18, Haubst, Das Bild des Einen und Dreieinen Gottes in der Welt nach Nikolaus von Kues, Trier 1952, S. 255 ff.).

Wieder andere: Im Sigill des Heimeric fand Nikolaus auch den dem gleichseitigen Dreieck umschriebenen Kreis, der die Einheit der Dreifaltigkeit darstellt. Über den Einfluß des Raimund Llull auf Heimeric s. Colomer S. 21 und Haubst S. 258 ff.

Diejenigen: Zur Geschichte des Kugelvergleichs, die bis in die Antike zurückgeht, vgl. D. Mahnke, Unendliche Sphäre und Allmittelpunkt, Halle 1937, bes. S. 172 f. und 147 Anm. 2. Nikolaus fand den Vergleich bei Meister Eckhart (vgl. Expos. in Eccli. n. 20, LW II 248; Sermo XLV n. 458, LW IV 379, 13; Wackerzapp,

Der Einfluß Meister Eckharts auf die ersten philosophischen Schriften des Nikolaus von Kues, S. 140 ff.).

n. 35 *an nebenstehender Figur*: Die Figur stimmt ziemlich überein mit Bradwardinus, Geometria speculativa tract. II cap. 4 concl. 6 (p. B. IIv, Johannes Petit, Paris 1511). Vgl. J. E. Hofmann, Die mathematischen Schriften (Schriften Heft 11) S. XI.

n. 36 *entsteht dann eine Kugel*: Boethius, Institutio arithm. II 31 (Friedlein p. 122, 1—3): Sphera vero est semicirculi manente diametro circumductio et ad eundem locum reversio, unde prius coeperat ferri. Vgl. J. E. Hofmann, Mutmaßungen über das früheste mathematische Wissen des Nikolaus von Kues, in: MFCG 5 (1965) S. 102. Auf diese Untersuchung sei für alle auf mathematische Quellen des Nikolaus verweisenden Belege hingewiesen.

n. 37 *Es steht ja bereits fest*: Vgl. oben Kapitel 5 und 6, besonders n. 17, 8 — 10.

Da es aber mehrere Unendliche nicht geben kann: Vgl. Meister Eckhart, Expos. libri Sapientiae n. 146 (LW II 484, 2): impossibile est duo esse infinita. Vgl. auch Expos. libri Exodi n. 49 (LW II 52, 15 — 53, 2). Vgl. ferner oben Anmerkung 1 zu n. 21.

n. 38 *die zwei rechten gleich sind*: Euklid, Elemente (in der Übersetzung von Adelhard — Campanus) I 32: Omnis trianguli angulus extrinsecus duobus intrinsecis sibi oppositis est aequalis. Omnes autem tres angulos eius duobus angulis rectis aequos esse necesse est. Bradwardine, Geometria specul. I 4 concl. 5 (ed. P. S. Ciruelo, Paris 1495, fol. A 3v M): Omnis triangulus habet tres angulos aequales duobus rectis. Vgl. Hofmann, a. a. O. S. 109.

n. 39 *in eine einfache Linie auflösen*: Zur Deutung des Dreiecks im Unendlichen als Linie in der intellektualen Schau vgl. die Quellenangaben bei Hofmann, a. a. O. S. 107 f.

n. 43 *Dionysius der Areopagite in seiner mystischen Theologie*: Ps. — Dionysius, De myst. theol. I 3 (PG 3, 1000 B; Dionysiaca I 572). Nikolaus benützt die 1436 von Ambrosius Traversari gefertigte Übersetzung.

in der Schrift Von den göttlichen Namen: Ps. — Dionysius, De div. nom. V 8 (PG 3, 824 AB; Dionysiaca I 355 sq.).

keines von allem: Vgl. Thierry v. Chartres, Glossa II 13 (p. 281): Deus nempe est omnia ita tamen quod nullum singulorum.

am Ende der Mystischen Theologie: Ps. — Dionysius, De myst. theol. V (PG 3, 1048 B; Dionysiaca I 601 sq.).

im Brief an Gaius: Ps. — Dionysius, Ep. I Ad Gaium (PG 3, 1065 A; Dionysiaca I 607).

n. 44 *Rabbi Salomon*: Die beiden Zitate aus dem Dux neutrorum des Moses Maimonides entnimmt Nikolaus dem Exoduskommentar Meister Eckharts (Zum Zitat vgl. Meister Eckhart, Expos. libri Exodi n. 184 (LW II 158, 6 — 11) und n. 174 (l. c. 151, 4 — 6); vgl. H. Wackerzapp, Der Einfluß S. 8). Den Text des „Führers der Unschlüssigen" lernte Nikolaus erst 1451 kennen. Bis dahin zitiert er den Verfasser teils als Rabbi Moses, teils als Rabbi Salomon. Vgl. Predigt XIV (Schriften des Nik. v. Cues, Predigten 1430—1441, ed. Sikora-Bohnenstädt, Heidelberg 1952 S. 347), Predigt XVII (Sikora-Bohnenstädt S. 410). Predigt XIX wird die Schrift des Rabbi Moyses sogar als Directio perplexorum zitiert. Hier folgt Nikolaus der Schrift Pugio fidei adversus Mauros et Iudaeos, die der Dominikaner Raymund Martini 1278 verfaßt hatte. Vgl. Wackerzapp S. 37.

n. 46 *oben*: Vgl. Kap. 3.

n. 47 *Aristoteles:* Met. I 1 1052 b 18.

n. 48 *Unveränderlichkeit des Wesens der Dinge*: Vgl. Ps. — Dionysius, De divin. nom. IV 23 (PG 3, 724 D; Dionysiaca I 273 sq.).

Chalcidius: Nikolaus hat das Chalcidiuszitat sicher aus zweiter Hand, wie die irrtümliche Erwähnung des Phaidon zeigt. Zum Gedanken vgl. Plat. Tim. 31 A; Chalcidius, In Plat. Tim. 330 (Plato latinus IV ed. R. Klibansky 1962 p. 324 f.).

n. 49 *wie oben bewiesen*: Vgl. Kap. 3 n. 9.

n. 51 *der große Dionysius*: Die Stelle ist wahrscheinlich aus Thierry v. Chartres, Lectiones IV 28 (p. 193) genommen. Vgl. auch Thierry, Glossa IV 13 (p. 306). Zum Dionysius-Zitat vgl. De cael. hierarchia II 3 (PG 3, 140 D; Dionysiaca II 757).

n. 52 *wie Aristoteles sagt*: De an. A 5 411 a 5 f.

n. 53 *kein Mehr oder Weniger*: Vgl. Aristoteles, Categ. 5 3 b 33; 4 a 8. Vgl. auch in diesem Zusammenhang Meister Eckhart, Expos. s. evangelii sec. Iohannem n. 392 und n. 640 (LW III).

Deshalb hatte Aristoteles recht: Met. Δ 7 1017 a 7.

n. 54 *der große Dionysius*: Ps. — Dionysius, De div. nom. I 1; V 8 (PG 3, 588 B, 824 AB; Dionysiaca I 10 sq., 355); Epistula I Ad Gaium (PG 3, 1065 A; Dionysiaca I 607).

n. 55 *die oben aufgestellte und bewiesene Behauptung*: Vgl. Kap. 13 und 14.

wie die Geometrie beweist: Euklid, Elemente I 19, in der Übersetzung des Boethius (ed. Friedlein p. 381, 23 f.): Omnium triangulorum maior angulus sub latere maiore protenditur. Hofmann (a. a. O. S. 106) vermutet als Vorlage den Text bei Adelhard — Campanus: Omnis trianguli maior angulus longiori lateri est oppositus.

n. 56 *wie bewiesen*: Vgl. Kap. 14 und 15.

n. 57 *Augustinus sagt deshalb mit Recht*: Das Augustinus-Zitat kann in der hier vorliegenden Form nicht nachgewiesen werden. Aber der Sinn des Satzes läßt sich durch mehrere Stellen aus De trinitate (bes. Buch V—VIII) belegen. Vgl. z. B. VI 7 und 10; VII 7; VIII 1; ferner In Ioannis evangelium tract. 39 n. 4 (PL 35, 1683). In der Apologie weist Nikolaus im Zusammenhang mit diesem Zitat auf einen Kommentar zu Boethius De trinitate hin (Opera omnia II 24, 6—9). Es ist als wahrscheinlich anzusehen, daß Nikolaus das Zitat in einem der zahlreichen Kommentare zu des Boethius Schrift überliefert fand. Anklänge z. B. Ps. — Beda, Comment. in librum Boethii De trinitate (PL 95, 404 B). Auch einige Stellen in den Kommentaren des Thierry v. Chartres kommen dem Sinngehalt sehr nahe. Vgl. z. B. Glossa III bes. n. 22 (p. 294 sqq. bes. 301).

nichts anderes als Ununterschiedenheit ist: Vgl. Meister Eckhart, Sermo IV 1 n. 28 (LW IV 28, 6 ff.).

n. 58 *so wie der Sohn sagt*: Joh. 10, 38.

n. 59 *darüber oben bereits*: Kapitel 7—9 und 19.

n. 60 *da offensichtlich das Dreieck kleiner ist*: Über die termini polygonia, figura triangularis und figura quadrangularis sowie deren mögliche Vorlagen vgl. Hofmann, a. a. O. S. 105.

n. 61 *das größte Dreieck haben*: Über das Dreieck als erste flächenhafte Figur, auf das alle anderen Flächen zurückgeführt werden können, s. Boethius, Institutio arithm. II 6 (Friedlein p. 92, 6 f.): Adeo haec figura princeps est latitudinis, ut ceterae omnes superficies in hanc resolvantur. Vgl. Hofmann a. a. O. S. 106.

n. 63 *die vollkommene Figur der Einheit*: Für die Deutung des Kreises als vollkommene Figur der Einheit weist Hofmann (a. a. O. S. 123 f.) als mögliches Vorbild hin auf Boethius, Institutio arithm. II 30 (Friedlein p. 121, 20 f. und 122, 3 f.). Der Text lautet: sphera vel circulus in proprii semper principii reversione formantur; und: Unitas quoque virtute et potestate ipsa quoque circulus vel sphera est. Hofmann zitiert auch einige Stellen aus der Geometria specul. des Bradwardine, an denen der Kreis u. a. als erste und vollkommenste Figur bezeichnet wird, z. B. II 4 fol. B 1v und fol. B 4v.

Es wurde bereits oben gezeigt: S. Kapitel 15.

nichts anderes als das Gegenwärtige: Über die Koinzidenz von Gegenwart, Vergangenheit und Zukunft im Größten bzw. in Gott s. De coniecturis I 8 n. 34: Quando enim fuisse ambit esse et fieri et nullius est temporis, aeternitati convenit. In ähnlicher Weise lehrte Thierry v. Chartres schon hinsichtlich der Ewigkeit die Einfaltung aller Zeitformen in der Einfachheit der Gegenwart: vgl. Commentum IV 42—44 (p. 126 f.); Lectiones IV 70 (p. 205); Glossa II 15 (p. 282).

n. 65 *in ihm, aus ihm und durch es*: Röm. 11, 36.

n. 66 *im Kreise bewahrheiten*: Den Gedanken der theologia circularis entnahm Nikolaus Raymund Lull. Vgl. E. Colomer, S. 88 f.; W. E. Platzeck, Die lullsche Kombinatorik, Franzisk. Studien 34 (1952) S. 39 f.

n. 68 *nichts hinzufügen oder wegnehmen*: Zur Verknüpfung der providentia divina mit den Begriffen explicatio und complicatio vgl. Thierry v. Chartres, Lectiones II 6 (p. 153).

sondern in Wirklichkeit: Nikolaus folgt hier der Linie, die Eckhart in seiner Spekulation über Ewigkeit und Zeitlichkeit eingeschlagen hat. Vgl. dazu H. Wackerzapp a. a. O. S. 122 ff. Vgl. auch Anmerkung 1 zu n. 69.

das Wandelbare in unwandelbarer Weise: Thierry v. Chartres, Lectiones II 32 (p. 163): ... omnes res, ut sunt in providentia, immutabiles sunt. In se vero eaedem res omnes mutabiles, ut scilicet actu sunt. Unde patet quod Boethius ibi voluit quod rerum universitas in divina providentia immutabiliter et eadem universitas actu cum possibilitate mutabiliter. In se enim dicuntur res esse ut actu sunt. Zur Boethius-Stelle vgl. De consolatione philosophiae IV pr. 6, 13 f. (CCSL 94 p. 80).

n. 69 *Darum sagt man auch*: Vgl. Thierry v. Chartres, Glossa II 23 (p. 285): ... dicens eadem ad divinam providentiam relata necessaria esse. Ferner: Lectiones II 32 (p. 163); Tractatus II 22 (p. 206); Clarenbaldus v. Arras, Tractatus II 43 (LaW p. 124).

absolute Notwendigkeit: Thierry v. Chartres, Glossa II 13 (p. 281): quicquid in Deo est Deus est. Vgl. Lectiones II 60 (p. 173): Quicquid enim est in ipso, est ipse. Nam omnia in Deo Deus. Zum Begriff der necessitas absoluta s. Anm. 82 zu De docta ignor. II, Schriften Heft 15 b, S. 124 f.

ist die Einfaltung gesetzt: Die Dinge setzen ihre Idee, die mit Gott identisch ist, voraus. Mit Gott als der Einfaltung alles in der Schöpfungswelt Entfalteten ist noch nicht die Notwendigkeit der Schöpfung gegeben, aber es gibt keine Ausfaltung, die nicht Ausfaltung einer göttlichen Idee wäre. Die Begriffe complicatio — explicatio entnimmt Nikolaus der Schule von Chartres, doch zeigen sich in der Auffassung auch deutlich die Einflüsse Eckharts. Vgl. die Lectiones in Boethii librum De trinitate II 59 (p. 173).

n. 70 *die Form der Formen*: Zur Bestimmung Gottes als forma formarum vgl. De docta ignor. II 2 n. 103 (Schriften Heft 15 b, S. 20) und die Anmerkungen 30 und 24 dort auf S. 118 f.

n. 71 *Parmenides*: Ps. — Beda, Comment. in librum Boethii De trin. (PL 95, 397 C). Vgl. Johannes v. Salisbury, De septem sept. VII (PL 199, 961 B); Alanus ab Insulis, Regulae theol. 8 (PL 210, 627 D).

n. 72 *aus ihm, in ihm und durch ihn:* Vgl. Anmerkung 1 zu n. 65.

n. 73 *alle Bewegung zum Sein*: Vgl. Thierry v. Chartres, Commentum II 42 (p. 103).

die Ruhe der Bewegung: Zur Überlieferung dieses auf Proklos zurückgehenden Gedankens vgl. Vom Nichtanderen, Schriften Heft 12 S. 123.

n. 74 *dem Namen des Größten*: Nikolaus hat sicher nicht alle im folgenden angeführte Literatur selbst eingesehen. Er ist angeregt durch des Ps. — Dionysius Schrift „Von den göttlichen Namen" und von Eckhart, dem er die Kenntnis des Maimonides verdankt. Vgl. Anmerkung 1 zu n. 44.

dem Größten angemessen sein kann: Vgl. Thierry v. Chartres, Lectiones IV 10 — 14 (p. 187—189); Glossa IV 7 ff. (p. 303 ff.); Clarenbaldus v. Arras, Tractatus IV 44 ff. (LaW p. 159 f.).

n. 75 *Hermes Trismegistus*: Asclepius 20 (Corpus Hermeticum II ed. A. D. Nock, p. 321, 3—9). Vgl. auch Thierry v. Chartres, Lectiones IV 11 (p. 188); Glossa IV 10 f. (p. 304 f.). Als Parallelstelle vgl. bei Nikolaus Sermo XVII n. 19 (Predigten 1430 — 1441, edd. J. Sikora und E. Bohnenstädt, S. 401). Über das Tetragramm als Gottesnamen ebenda n. 35 (S. 409).

Deshalb sagt der Prophet: Zachar. 14, 9. Der Kontext ist von Meister Eckhart, Expos. libri Exodi n. 57 (LW II 63, 2—9) beeinflußt.

und an anderer Stelle: Deuteron. 6,4. Zur Deutung des Namens Israel vgl. Hieronymus, Liber interpretationis hebraicorum nominum, De exodo (CCSL LXXII p. 75, 21 f.). Zur Schriftstelle und ihrer Auslegung vgl. Meister Eckhart, Sermo XXIX n. 300 f. (LW IV 266 ff.); s. auch Expos. libri Sapientiae n. 144 (LW II 481 ff.).

n. 76 *zur Unterscheidung beigelegt*: Zum Begriff der impositio vgl. P. Abaelards philosophische Schriften. I. Logica „Ingredientibus", Glossae super Praedicamenta (Beitr. z. G. d. Ph. u. Th. des MA 21, 1933, S. 112, 9 ff.; 247, 30 ff.). Ferner Johannes Buridan, In Metaphysicen Aristotelis I q. 7 (Paris 1518 fol. VII^{ra}). Über die impositio nominum vgl. ferner noch Thierry v. Chartres, Glossa IV 7 (p. 303); Lectiones II 53 und IV 10 (p. 170 und 187); für die Benennung Gottes: Glossa IV 14 (p. 307). Vgl. die Parallelstellen bei Nikolaus, z. B. De mente 2 n. 58 ff. (V 49 ff.); Compendium 3 n. 6, 13 (XI 3 p. 6).

n. 77 *vom Löwen unterscheidet*: Vgl. Meister Eckhart, Sermo IV 1 n. 28 (LW IV 28, 2 f.).

n. 78 *wie Dionysius sagt*: Ps. — Dionysius, De cael. hier. II 3 (PG 3, 141 A; Dionysiaca II 759). Hier folgt Nikolaus der Übersetzung des Johannes Scottus.

n. 80 *Gleichheit der Einheit, der Seiendheit oder des Seins*: Thierry v. Chartres, Commentum n. 33. 35. 38 (p. 100 ff.).

Augustinus: De trinitate VI 10, 11 (CCSL L p. 241, 20 ff.).

n. 81 *Das meint auch Augustinus*: De Genesi ad litt. I 4 (CSEL XXVIII 1, 8).

n. 82 *Hieronymus*: De decem dei nominibus (PL 23, 1336 ff.).

Rabbi Salomon: Vgl. Anmerkung 1 zu n. 44. Zu dem Maimonides-Zitat vgl. Meister Eckhart, Expos. libri Exodi n. 19 und n. 146 f. (LW II 25, 3 ff.; 131 ff.), die wahrscheinlich Nikolaus als Vorlage diente.

n. 83 *Die Heiden benannten Gott*: Vgl. z. B. Macrobius, Commentum in Somnium Scipionis I 12, 14 und I 19, 23 (Willis p. 50 und 77).

Julius Firmicus: Firmicus Maternus, Mathes. lib. II 13, 6 (Kroll-Skutsch I 56, 30 — 57, 1).

Hermes erklärt: Asclepius 21 (Corpus Hermet. II p. 321, 18 ff. ed. Nock). Vgl. Anmerkung 1 zu n. 75.

der Römer Valerius: Die Erwähnung des Valerius Soranus stammt aus Augustinus, De civitate dei VII 9 (CSEL 40, 1 p. 316), der aus Varro schöpft.

n. 84 *Namen von einzelnen Vollkommenheiten*: Vgl. Thierry v. Chartres, Glossa IV 11 f. (p. 305 f.); Lectiones IV 11 (p. 188).

die Sissennier: Vgl. Anmerkung 1 zu n. 18.

Tullius Schrift Über die Natur der Götter: Cicero, De natura deorum II 28, 70 (Plasberg — Ax p. 77).

n. 85 *durch Abstraktion*: Vgl. etwa Thomas, S. c. gent. I 26 (XIII 82): ... deum esse aliquid non solum in intellectu, sed in rerum natura. Non est igitur deus ipsum esse commune omnium. Auf diese Stelle verweist Nikolaus in Apologia doctae ignor. n. 24 (II 17, 13—16). Vgl. Wackerzapp S. 49 f.

wie man es vom Sonnen- und Mondbaum lesen kann: Vgl. Moses Maimonides, Dux neutrorum III 29. (Nach der Zählung der Pariser Ausgabe von 1520 III 30; Iustinianus fol. 90v).

n. 86 *im Geist und in der Wahrheit*: Joh. 4, 24.

als unzugängliches Licht: 1 Tim. 6, 16.

als Wahrheit: Joh. 14, 6.

die Finsternis es aber nicht begreifen kann: Joh. 1, 5.

n. 87 *Der große Dionysius*: Ps. — Dionysius, De myst. theol. V (PG 3, 1048 AB; Dionysiaca I 597 sqq.).

Rabbi Salomon: Vgl. Moses Maimonides, Dux neutrorum I 57 (Iustinianus fol. 22r); vgl. die Anmerkungen zu n. 44.

Hilarius von Poitiers: Hilarius von Poitiers schrieb 356—359 De fide adversus Arianos. Das Werk wird meist unter dem Titel De trinitate zitiert. Nikolaus entnimmt das Zitat wohl Ps. — Beda, Comment. in librum Boeth. De trin. (PL 95, 397 B, 399 A).

n. 89 *Er sei ... hochgebenedeit*: Röm. 9, 5.

VERZEICHNIS DER SIGLEN

Handschriften

C	Kues, Bibliothek des Hospitals 218, fol. 1^{r}— 42^{v}
E	München, Bayerische Staatsbibliothek Clm 14 213, fol. 1^{r}—33^{r}
Fl	Firenze, Biblioteca Nazionale Centrale, cod. Landau — Finaly 190, fol. 1^{r}—55^{r}
I	Eisleben, Turmbibliothek St. Andreas 960, fol. 35^{r}—68^{r}
J	Jena, Universitätsbibliothek, Elect. q 7, fol. 111^{r}—119^{v}
M	Mainz, Stadtbibliothek 190, fol. 39^{r}—132^{v}
N	Nürnberg, Stadtbibliothek Cent. II 9, fol. 124^{r}—141^{r}
O	Innsbruck, Universitätsbibliothek 444, fol. 2^{r}—45^{v}
Pr	Národní knihovna v Praze (Nationalbibliothek zu Prag), VE 5, fol. 274^{r}—344^{r}
S	Salzburg, Stiftsbibliothek St. Peter b XI 25, fol. 327^{r}—367^{v}
T	München, Bayer. Staatsbibliothek Clm 18 711, fol. 13^{r}—71^{r}
Ta	Torino, Accademia delle Scienze, cod. 0222 (früher Biblioteca di Stato NN—V—6) fol. 1—103
Tr	Trier, Stadtbibliothek 1926/1470, fol. 1^{r}—83^{v}
V	Wien, Österreichische Nationalbibliothek, lat. 3588, fol. 1^{r}—56^{v}
Σ	bezeichnet übereinstimmende Überlieferung aller Handschriften

Editionen

h	Nicolai de Cusa opera omnia iussu et auctoritate Academiae Litterarum Heidelbergensis ad codicum fidem edita, Lipsiae-Hamburgi 1932 ff.
HK	verweist auf die von E. Hoffmann und R. Klibansky besorgte Edition von De docta ignorantia in h, vol. I, Lipsiae 1932
p	Nicolai Cusae Cardinalis opera, Parisiis 1514 apud Iodocum Badium Ascensium ed. Iac. Faber Stapulensis (= Editio Parisina)

Predigten	Nicolaus von Cues, Predigten 1430—1441, Deutsch von J. Sikora † und E. Bohnenstädt, Heidelberg 1952
Schriften	Schriften des Nicolaus von Cues in deutscher Übersetzung. Im Auftrag der Heidelberger Akademie der Wissenschaften herausgegeben von E. Hoffmann † — P. Wilpert † — K. Bormann, Leipzig-Hamburg 1932 ff.

Sonstige Siglen

AHDLM	Archives d'Histoire Doctrinale et Littéraire du Moyen Age, Paris 1926 ff.
CCSL	Corpus Christianorum, Series Latina, Turnhout 1954 ff.
CSEL	Corpus scriptorum ecclesiasticorum Latinorum, Vindobonae 1866 ff.
CT	Cusanus-Texte. Sitzungsberichte der Heidelberger Akademie der Wissenschaften, Philosophisch-historische Klasse, Heidelberg 1929 ff.
Dionysiaca	Dionysiaca, Bruges-Paris 1937 und 1950
LaW	Life and Works of Clarembald of Arras, a Twelfth-century Master of the School of Chartres by N. M. Häring, Pontifical Institute of Mediaeval Studies, Studies and Texts 10, Toronto 1965
LW	Meister Eckhart. Die lateinischen Werke, Stuttgart-Berlin 1936 ff.
PG	Patrologiae cursus completus. Series Graeca, accurante I. P. Migne, Paris 1857 ff.
PL	Patrologiae cursus completus. Series Latina, accurante I. P. Migne, Paris 1844 ff.

LITERATURNACHWEIS

I. Schriften des Nikolaus von Kues

Opera omnia Nicolai de Cusa iussu et auctoritate Academiae Litterarum Heidelbergensis ad codicum fidem edita, Lipsiae 1932 ff., nach 1945: Hamburgi 1959 ff.
Vol. I: De docta ignorantia libri tres, edd. E. Hoffmann — R. Klibansky, Lipsiae 1932
Vol. II: Apologia doctae ignorantiae, ed. R. Klibansky, Lipsiae 1932
Vol. III: De coniecturis, edd. I. Koch et C. Bormann, I. G. Senger comite, Hamburgi 1972
Vol. V: Idiota de sapientia, de mente, ed. L. Baur, Lipsiae [1937
Vol. VII: De pace fidei, edd. R. Klibansky — H. Bascour, editio altera, Hamburgi 1970
Vol. XI 3: Compendium, ed. B. Decker cuius post mortem curavit C. Bormann, Hamburgi 1964
Schriften des Nikolaus von Kues in deutscher Übersetzung. Im Auftrag der Heidelberger Akademie der Wissenschaften herausgegeben von E. Hoffmann † — P. Wilpert † — K. Bormann, Leipzig 1936 ff., seit 1952 ff. Hamburg
Heft 14: Nicolai de Cusa De venatione sapientiae — Nikolaus von Cues, Die Jagd nach Weisheit, hrsg., übers. und mit Vorwort und Anmerkungen von P. Wilpert, Hamburg 1964 (Philos. Bibliothek Bd. 263)
Heft 15b: Nicolai de Cusa De docta ignorantia liber secundus — Nikolaus von Kues, Die belehrte Unwissenheit Buch II, hrsg. von P. Wilpert, 2. verb. Aufl. von H. G. Senger, Hamburg 1977 (Philos. Bibliothek Bd. 264b)
Heft 16: Nicolai de Cusa Compendium — Nikolaus von Kues, Kompendium, hrsg. übers. und mit Vorwort, Anmerkungen und Register von K. Bormann, Hamburg 1970 (Philos. Bibliothek Bd. 267)
In dieser Reihe, jedoch in anderem Verlag und mit anderem Erscheinungsort:
Nikolaus von Cues Predigten 1430—1441, Deutsch von J. Sikora † und E. Bohnenstädt, F. H. Kerle Verlag, Heidelberg 1952: Sermo XVII
Nicolai Cusae Cardinalis opera, Parisiis 1514, 2 vol. ed. I. F. Stapulensis. Unveränderter Nachdruck, Minerva Frankfurt 1962
De visione dei, vol. I fol. 99r—114r
Sermo I und III: Excitationum libri X, vol. II 1
Cusanus-Texte (in: Sitzungsberichte der Heidelberger Akademie der Wissenschaften, Philos.-hist. Klasse = CT)
I Predigten 1. Dies sanctificatus (= Sermo XVI) vom Jahre 1439, lat.-deutsch hrsg. von E. Hoffmann und R. Klibansky, Heidelberg 1929

II. Vorcusanische Literatur

Alanus ab Insulis: Regulae de sacra theologia; PL 210, col. 621—684

Sermo de trinitate; in: Alain de Lille. Textes inédits; ed. M.-Th. d'Alverny, Etudes de Philosophie Médiévale LII, Paris 1965, S. 252—262

Albertus Magnus: Metaphysica; Opera omnia XVI 1, ed. B. Geyer, Münster 1960

Anselm von Canterbury: De veritate; Opera omnia I, ed. Fr. S. Schmitt, Edinburg 1946

Aristoteles: Opera, rec. I. Bekker, Nachdruck Berlin 1960 ff.

Asclepius: Corpus Hermeticum II; ed. A. D. Nock, Paris 1945

Augustinus: Ad Orosium; PL 42, col. 669—678

Contra Maximinum; PL 42, col. 743—814

De civitate dei; CSEL XXXX 1—2, rec. Em. Hoffmann, Wien 1899 f. Photomech. Nachdruck 1964

De doctrina christiana; CCSL XXXII, ed. J. Martin, 1962

De Genesi ad litteram; CSEL XXVIII 1, rec. J. Zycha, Wien 1894

De quantitate animae; PL 32, col. 1035—80

De trinitate; CCSL L und L A, ed. W. J. Mountain, Turnhout 1968

Epistula 130; CSEL XLIV, Epistulae. Pars III, rec. A. Goldbacher, Wien 1904

In Ioannis evangelium; PL 35, col. 1379—1976

Sermo 117 und 310; PL 38, col. 661—671 und 1380—1385

Beda-Venerabilis: s. Pseudo-Beda

Boethius: Consolatio Philosophiae; CCSL XCIV, ed. L. Bieler, Turnhout 1957

De institutione arithmetica; ed. G. Friedlein, Leipzig 1867. Photomech. Nachdruck Frankfurt 1966

De trinitate; The Theological Tractates, edd. H. F. Stewart — E. K. Rand, London — Cambridge/Mass. 1962

Quomodo substantiae (= De hebdomadibus); The Theological Tractates, edd. H. F. Stewart — E. K. Rand, London — Cambridge/Mass. 1962

Bonaventura: Breviloquium; Opera omnia tom. V, Ad Claras Aquas (Quaracchi) 1891, S. 199—291

Itinerarium mentis in deum; Opera omnia tom. V, Ad Claras Aquas (Quaracchi) 1891, S. 293—313

Chalcidius: Commentarius in Platonis Timaeum; ed. J. H. Waszink, Corpus Platonicum medii aevi. Plato Latinus IV, London—Leiden 1962

Cicero: De natura deorum; rec. O. Plasberg — W. Ax, Leipzig ²1933, Nachdruck Stuttgart 1961

Clarenbaldus von Arras: Tractatus super librum Boethii De trinitate; Life and Works of Clarembald of Arras, a Twelfth-century Master of the School of Chartres by N. M. Häring,

Pontifical Institute of Mediaeval Studies, Studies and Texts 10, Toronto 1965, S. 63—186

DIONYSIUS AREOPAGITA: s. PSEUDO-DIONYSIUS

ECKHART: Expositio libri Exodi; Meister Eckhart, Die lateinischen Werke (= LW) herausg. im Auftrage der Deutschen Forschungsgemeinschaft, Bd. II ed. K. Weiß und J. Koch, Stuttgart 1954—1958

Expositio libri Sapientiae; hrsg. in Verbindung mit H. Fischer von J. Koch, LW II, Stuttgart 1954 ff.

Expositio sancti evangelii secundum Iohannem; ed. K. Christ und J. Koch, LW III, Stuttgart 1936 ff.

Sermones; LW IV, ed. E. Benz, B. Decker und J. Koch, Stuttgart 1956

Sermones et lectiones super Ecclesiastici cap. 24; LW II, ed. K. Weiß und J. Koch, Stuttgart 1954—1958

EUKLID: Elementa; (Geometria Euclidis a Boethio in latinum lucidius translata) ed. G. Friedlein in: Boethius, De institutione arithmetica, Leipzig 1867

FIRMICUS MATERNUS: Mathesis; ed. W. Kroll — F. Skutsch — K. Ziegler, 2 Bde Leipzig 1898 und 1913

GILBERT VON POITIERS: Commentum in librum De hebdomadibus (De bonorum hebdomadibus); ed. N. M. Haring, in: Traditio 9 (1953) S. 182—211

HEIMERIC VAN DEN VELDE: Tractatus de sigillo aeternitatis (bisher unediert); Cod. Cus. 106, f. 77—85

HIERONYMUS: De decem dei nominibus; PL 23, col. 1327—40

Liber interpretationis hebraicorum nominum; CCSL LXXII, ed. P. de Lagarde, Turnhout 1959, S. 57—161

HILARIUS VON POITIERS: De trinitate (auch als De fide adversus Arianos bekannt); PL 10, col. 25—472

IOSEPHUS (FLAVIUS ~): Antiquitates Iudaicae; ed. B. Niese, Berlin ²1955

JOHANNES BURIDAN: In Metaphysicen Aristotelis quaestiones; Paris 1518, Photomech. Nachdruck Frankfurt 1964

JOHANNES VON SALISBURY: De septem septenis; PL 199, col. 945—64

MACROBIUS: Commentarii in Somnium Scipionis; ed. J. Willis, Leipzig 1963

MARTIANUS CAPELLA: De nuptiis Philologiae et Mercurii; ed. A. Dick, Leipzig 1925. Verbesserte Auflage durch J. Préaux, Stuttgart 1969

MOSES MAIMONIDES: Dux neutrorum; ed. A. Iustinianus, Paris 1520. Photomech. Nachdruck Frankfurt 1964

PLATO: Opera, rec. I. Burnet, Oxford 1900 ff. Réimpression 1950

PROCLUS: In Platonis theologiam; Aemilius Portus, Hamburg 1618; Photomech. Nachdruck Frankfurt 1960

PSEUDO-BEDA: Commentarius in librum Boethii De trinitate; PL 95, col. 391—411

Pseudo-Dionysius: De caelesti hierarchia
De divinis nominibus
De mystica theologia
Epistula I Ad Gaium; alles in: PG 3 und Dionysiaca, 2 Bde, Bruges — Paris 1937 und 1950
Thierry von Chartres: Commentum super Boethium De Trinitate (Librum hunc); ed. N. M. Haring AHDLM 35 (1960) p. 80—134
Glossa super librum Boethii De S. Trinitate (Christianae religionis; bisher zitiert als Anonymus Berolinensis) ed. N. M. Haring AHDLM 31 (1956) p. 266—325
Lectiones in Boethii librum De Trinitate (Quae sit auctoris intentio); ed. N. M. Haring AHDLM 33 (1958) p. 124—226
Tractatus (De septem diebus; bisher zitiert als De sex dierum operibus); ed. N. M. Haring AHDLM 30 (1955) p. 184—200
Thomas von Aquin: De veritate; Quaestiones disputatae vol. I ed. R. Spiazzi, [8]Taurini — Romae 1949
Summa contra gentiles; ed. Leonina vol. XIII—XV, Rom 1918—1930
Summa theologiae; ed. Leonina vol. IV—XII, Rom 1888—1906
Thomas Bradwardine: Geometria speculativa; Johannes Petit, Paris 1511
Geometria speculativa; ed. P. S. Ciruelo, Paris 1495

III. Zitierte Forschungsliteratur

Colomer, E., Nikolaus von Kues und Raimund Llull, Quellen und Studien zur Geschichte der Philosophie II, Berlin 1961
Duhem, P., Thierry de Chartres et Nicolas de Cues, Revue des Sciences Philosophiques et Théologiques 3 (1909) S. 525—31
Haubst, R., Das Bild des Einen und Dreieinen Gottes in der Welt nach Nikolaus von Kues, Trier 1952
Hofmann, J. E., Mutmaßungen über das früheste mathematische Wissen des Nikolaus von Kues, in: MFCG 5 (1965) S. 98—136
Koch, J., Die Ars coniecturalis des Nikolaus von Kues, Arbeitsgemeinschaft für Forschung des Landes Nordrhein-Westfalen, Geisteswissenschaften, Heft 16, Köln-Opladen 1956
Augustinischer und dionysischer Neuplatonismus und das Mittelalter, in: Kant-Studien 48 (1956/57) S. 117—133
Mahnke, D., Unendliche Sphäre und Allmittelpunkt, Halle 1937
Platzeck, E. W., Die lullsche Kombinatorik. Ein erneuter Darstellungs- und Deutungsversuch mit Bezug auf die westeuropäische Philosophie, Franziskan. Studien 34 (1952) S. 32—60, 377—407
Volkmann-Schluck, K. H., Nicolaus Cusanus. Die Philosophie im Übergang vom Mittelalter zur Neuzeit, Frankfurt 1957; 2. durchgesehene Auflage Frankfurt 1968

WACKERZAPP, H., Der Einfluß Meister Eckharts auf die ersten philosophischen Schriften des Nikolaus von Kues, Beiträge zur Geschichte der Philosophie und Theologie des Mittelalters XXXIX 3 (1962)

WILPERT, P., Die Entstehung einer Miscellanhandschrift des 15. Jahrhunderts, in: Mittellateinisches Jahrbuch 1 (1964) S. 34—47

Kontinuum oder Quantensprung bei Nikolaus von Kues, in: Wissenschaft und Weltbild 16 (1963) S. 102—112 (Festschrift für Leo Gabriel)

Die handschriftliche Überlieferung des Schrifttums des Nikolaus von Kues, Pubblicazioni della Facoltà di Magistero dell'Università di Padova IV, Nicolò da Cusa — Relazioni tenute al Convegno Interuniversitario di Bressanone nel 1960, Florenz 1962

Nachtrag

I. Schriften des Nikolaus von Kues

Opera omnia Nicolai de Cusa iussu et auctoritate Academiae Litterarum Heidelbergensis ad codicum fidem edita

Vol. V: IDIOTA DE SAPIENTIA DE MENTE. Editionem post Ludovicum Baur alteram curavit Renata Steiger. Duas appendices adiecit Raymundus Klibansky, Hamburgi 1983

Vol. VIII: CRIBRATIO ALKORANI. Edidit commentariisque illustravit Ludovicus Hagemann, Hamburgi 1986

Vol. X: Opuscula II, Fasciculus 2: De deo unitrino principio, a: DE THEOLOGICIS COMPLEMENTIS. Ediderunt commentariisque illustraverunt Adelaida Dorothea Riemann et Carolus Bormann, Hamburgi 1994

Vol. X: Opuscula II, Fasciculus 2: De deo unitrino principio, b: TU QUIS ES ‹DE PRINCIPIO›. Ediderunt commentariisque illustraverunt Carolus Bormann et Adelaida Dorothea Riemann, Hamburgi 1988

Vol. XI, 1: DE BERYLLO. Editionem funditus renovatam atque instauratam curaverunt Iohannes Gerhardus Senger et Carolus Bormann, Hamburgi 1988

Vol. XII: DE VENATIONE SAPIENTIAE – DE APICE THEORIAE. Ediderunt commentariisque illustraverunt Raymundus Klibansky et Iohannes Gerhardus Senger, Hamburgi 1982

Vol. XVI, Fasciculi 0–4: SERMONES I (1430–1441). A Rudolf Haubst et Martin Bodewig, Werner Krämer, Heinrich Pauli editi, Hamburgi 1970–1991

Vol. XVII: SERMONES II (1443–1452), Fasciculus 1: Sermones XXVII–XXXIX. A Rudolf Haubst et Hermann Schnarr editi, Hamburgi 1983

Schriften des Nikolaus von Kues in deutscher Übersetzung. Im Auftrag der Heidelberger Akademie der Wissenschaften herausgegeben von Ernst Hoffmann †, Paul Wilpert † und Karl Bormann

Heft 15a: De docta ignorantia. Liber primus. Edidit Paulus Wilpert † – Die belehrte Unwissenheit. Buch I. Übersetzt und mit Vorwort und Anmerkungen herausgegeben von Paul Wilpert †. Dritte, durchgesehene Auflage besorgt von Hans Gerhard Senger, Hamburg 1979

Heft 15c: De docta ignorantia. Liber tertius. Edidit Raymundus Klibansky – Die belehrte Unwissenheit. Buch III. Übersetzt und mit Einleitung, Anmerkungen und Register herausgegeben von Hans Gerhard Senger. Mit einem Anhang zur Geschichte der Überlieferung der Docta ignorantia von Raymond Klibansky, Hamburg 1977

Heft 16: Compendium – Kompendium (Kurze Darstellung der philosophisch-theologischen Lehren). Übersetzt und mit Einleitung und Anmerkungen herausgegeben von Bruno Decker † und Karl Bormann. Zweite, durchgesehene Auflage, Hamburg 1982

BIBLIOGRAPHISCHER NACHTRAG (1977–1993)

I. Ausgaben und Übersetzungen De docta ignorantia

1. Zweisprachige Ausgaben

Nicolai de Cusa De docta ignorantia. Liber primus. Edidit Paulus Wilpert † – Nikolaus von Kues, Die belehrte Unwissenheit. Buch I. Übersetzt und mit Vorwort und Anmerkungen hg. von Paul Wilpert †. Dritte, durchgesehene Auflage besorgt von Hans Gerhard Senger. Schriften des Nikolaus von Kues in deutscher Übersetzung. Im Auftrag der Heidelberger Akademie der Wissenschaften hg. von Ernst Hoffmann †, Paul Wilpert † und Karl Bormann, Heft 15a. Lateinisch-deutsche Parallelausgabe, Hamburg 1979

Nicolai de Cusa De docta ignorantia. Liber secundus. Edidit Paulus Wilpert † – Nikolaus von Kues, Die belehrte Unwissenheit. Buch II. Übersetzt und mit Vorwort, Anmerkungen und Register hg. von Paul Wilpert †. Zweite, verbesserte Auflage besorgt von Hans Gerhard Senger. Schriften (wie oben), Heft 15b. Lateinisch-deutsche Parallelausgabe, Hamburg 1977

Nicolai de Cusa De docta ignorantia. Liber tertius. Edidit Raymundus Klibansky – Nikolaus von Kues, Die belehrte Unwissenheit. Buch III. Übersetzt und mit Einleitung, Anmerkungen und Register hg. von Hans Gerhard Senger. Schriften (wie oben), Heft 15c. Lateinisch-deutsche Parallelausgabe, Hamburg 1977

2. Übersetzungen

englische:

Of Learned Ignorance, by Nicolas Cusanus, translated by Fr. Germain Heron O.F.M., Ph.D. with an introduction by Dr. D. J. B. Hawkins D.D. Ph.D. Authorized facsimile of the original book, Ann Arbor, Michigan, London ^{2}1979. (Zahlreiche Teilabdrucke dieser Ausgabe nachgewiesen bei THOMAS M. IZBICKI [1991, s. u. II.4.], S. 264 f.)

Nicholas of Cusa, On Learned Ignorance. A Translation and an Appraisal of De Docta Ignorantia by Jasper Hopkins, Minneapolis 1981, ^{2}1985

französische:

Nicolas de Cusa, De la docte Ignorance. Introduction par Abel Rey. Avant-propos Bernard Dubant ‹Nachdruck der Übersetzung von L. Moulinier, Paris 1930›, Paris 1979

italienische:

Nicolò Cusano, La dotta ignoranza. Le congetture. A cura di Giovanni Santinello (I classici del pensiero. Sezione II. Medioevo e Rinascimento) Milano 1988, p. 65–237

Nicola Cusano, La dotta ignoranza, traduzione, introduzione, note e

indice a cura di Graziella Federici Vescovini (Fonti cristiane per il terzo millenio, 7) Roma 1991

russische:

Ob učenom neznanii, übers. von V.V. Bibihina. In: Nikolaj Kuzanskij, Sočinenija v dvuch tomach [Werke in zwei Bänden], Bd. I, Moskau 1979, S. 47–184.

slowakische:

M. Kuzánský: O učenej nevedomosti (De docta ignorantia). ‹Hg. von J. Martinka, übers. von A. Valentinovič, mit einer Einleitung von M. Zigo›, Bratislava 1979

spanische:

Nicolas de Cusa: La docta ignorancia. Traducción del latín, prólogo y notas de Manuel Fuentes Benot, Buenos Aires ^{5}1981; dass. Barcelona ^{2}1985

tschechische:

Vědění o nevědění I–II. In: PAVEL FLOSS: Mikuláš Kusánský život a dílo, Praha 1977, S. 205–275

3. *Teilabdrucke, Auszüge*

FLASCH, KURT (Hg.): Geschichte der Philosophie in Text und Darstellung, Bd. 2. Mittelalter. Hg. von Kurt Flasch, Stuttgart 1988 (Auszug: Buch I, Kap. 4–5)

HEINZ-MOHR, GERD (Hg.): Nikolaus von Kues: Aller Dinge Einheit ist Gott. Ausgewählt und eingeleitet von Gerd Heinz-Mohr (Klassiker der Meditation), Zürich – Einsiedeln – Köln 1984 (Auszüge)

HOFFMANN, FRITZ: In menschlicher Weise zum Göttlichen führen. Hinführung zu Nikolaus von Kues, Leipzig 1985 (Auszüge: Buch I, Kap. 1–6, 11, 16, 27; Buch II, Vorrede, Kap. 1–3; Buch III, Kap. 11)

MCGREAL, IAN P. (Ed.): Of Learned Ignorance. ‹origin. in: Masterpieces of World Philosophy in Summary Form, ed. Frank N. Magill and Ian P. McGreal, Vol. 1, New York 1961 u. ö.›, Reprint in: World Philosophy. Essay Reviews of 225 Major Works, ed. Frank N. Magill and Ian P. McGreal, Vol. 2, Englewood Cliffs, New Jersey 1982, p. 743–752

II. *Forschungsliteratur*

1. *Untersuchungen zu Handschriften und Editionen*

GESTRICH, HELMUT (Hg.): Nikolaus von Kues. Codex Cusanus 218, ‹Faksimile-Ausgabe mit einer Einführung des Herausgebers:› Der Autor, seine Bibliothek und seine Werke, Koblenz 1992

KLIBANSKY, RAYMOND: Zur Geschichte der Überlieferung der Docta ignorantia des Nikolaus von Kues, ‹Anhang zu:› Nikolaus von Kues: Die belehrte Unwissenheit Buch III (s. o. I.1.), S. 205–236

REINHARDT, KLAUS: Eine bisher unbekannte Handschrift mit Werken des Nikolaus von Kues in der Kapitelsbibliothek von Toledo, in: MFCG 17 (1986) 96–141 (S. 117f. zu De docta ign.)

2. *Monographien*

BORSCHE, TILMAN: Was etwas ist. Fragen nach der Wahrheit der Bedeutung bei PLATON AUGUSTIN NIKOLAUS VON KUES und NIETZSCHE, München 1990 (Teil IV: NIKOLAUS VON KUES. Die Unendlichkeit Gottes – mystische Entgrenzung des metaphysischen Denkens, S. 171–243)

FLASCH, KURT: Einführung in die Philosophie des Mittelalters, Darmstadt 1987 (Kap. XIII. Wissen oder Wissen des Nichtwissens – Johannes Wenck gegen Nikolaus von Kues, S. 181–195)

HELANDER, BIRGIT H.: Die visio intellectualis als Erkenntnisweg und -ziel des Nicolaus Cusanus (Acta Universitatis Upsaliensis. Studia Doctrinae Christianae Upsaliensia 29), Uppsala 1988 (Kap. III. Die visio intellectualis der docta ignorantia. Kap. IV. Die visio intellectualis der coincidentia oppositorum, S. 59–105)

KAISER, ALFRED: Möglichkeiten und Grenzen einer Christologie „von unten". Der christologische Neuansatz „von unten" bei Piet Schoonenberg und dessen Weiterführung mit Blick auf Nikolaus von Kues (Buchreihe der Cusanus-Gesellschaft, Bd. XI), Münster 1992

LEVAO, RONALD: Renaissance Minds and Their Fictions. Cusanus, Sidney, Shakespeare, Berkeley – Los Angeles – London 1985 (Part One, 1. Learned Ignorance, S. 5–38)

MANNO, AMBROGIO GIACOMO: Il problema di Dio nei grandi pensatori. Volume terzo. Il problema di Dio in Nicolò Cusano, Cassino 1986

MEIER-OESER, STEPHAN: Die Präsenz des Vergessenen. Zur Rezeption der Philosophie des Nicolaus Cusanus vom 15. bis zum 18. Jahrhundert (Buchreihe der Cusanus-Gesellschaft, Bd. X), Münster 1989

OFFERMANN, ULRICH: Christus – Wahrheit des Denkens. Eine Untersuchung zur Schrift „De docta ignorantia" des Nikolaus von Kues (BGPTM, N. F. Bd. 33) Münster 1991

STALLMACH, JOSEF: Ineinsfall der Gegensätze und Weisheit des Nichtwissens. Grundzüge der Philosophie des Nikolaus von Kues (Buchreihe der Cusanus-Gesellschaft, Sonderbeitrag zur Philosophie des Cusanus), Münster 1989 (bes. Erster Teil, S. 1–36)

3. *Aufsätze, Beiträge in Sammelwerken, Lexika-Artikel*

3.1 *Zur coincidentia-oppositorum-Lehre*

AERTSEN, JAN A.: Der Satz vom Widerspruch in der mittelalterlichen Philosophie. Baron von Münchhausen, Thomas von Aquin und Nikolaus von Kues, in: Argumentationstheorie. Hg. von Klaus

Jacobi (Studien und Texte zur Geistesgeschichte des Mittelalters, Bd. XXXVIII), Leiden, New York, Köln 1993, S. 707–727.

BARION, JAKOB: Das Prinzip der coincidentia oppositorum in der Philosophie des Nicolaus von Cues, in: prima philosophia 3,1 (1990) 44–51

BERTIN, FRANCIS: Introduction zu: Nicolas de Cues, Trois traités sur la docte ignorance et la coïncidence des opposés. Introduction, traduction, notes et commentaires par Francis Bertin, Paris 1991, S. 7–26

BREDOW, GERDA VON: Coincidentia oppositorum, in: Historisches Wörterbuch der Philosophie, Bd. 1, Basel u. Darmstadt 1971, Sp. 1022–1023

EMERY JR., KENT: Mysticism and the Coincidence of Opposites in the 16th-Century and 17th-Century France, in: Journal of the History of Ideas 45 (1984) 3–23

FLASCH, KURT: Die Idee der Koinzidenz, in: Grundprobleme der großen Philosophen. Hg. von Josef Speck. Philosophie des Altertums und des Mittelalters, 4., durchges., teilw. neubearb. Auflage, Göttingen 1990, S. 215–255

HAUBST, RUDOLF: Coincidentia oppositorum, in: Lexikon des Mittelalters, Bd. III, München und Zürich 1986, Sp. 25

Das Leitwort der „coincidentia oppositorum", in: R. Haubst: Streifzüge in die cusanische Theologie (Buchreihe der Cusanus-Gesellschaft. Sonderbeitrag zur Theologie des Cusanus), Münster 1991, S. 117–140

HEDTKE, ULRICH: Coincidentia oppositorum oder die verweltlichte Unendlichkeit – Dialektik und Systemdenken bei Nikolaus von Kues, in: Dialektik und Systemdenken. Historische Aspekte. Nikolaus von Kues – Französische Aufklärung – Schelling (Akademie der Wissenschaften der DDR. Zentralinstitut für Philosophie. Schriften zur Philosophie und ihrer Geschichte, 10), Berlin 1977, S. 19–54

MEIER, STEPHAN: Von der Koinzidenz zur coincidentia oppositorum. Zum philosophiehistorischen Hintergrund des Cusanischen Koinzidenzgedankens, in: Die Philosophie im 14. und 15. Jahrhundert. In memoriam Konstanty Michalski (1879–1947) hg. von Olaf Pluta (Bochumer Studien zur Philosophie, Bd. 10), Amsterdam 1988, S. 321–342

PEÑA, LORENZO: Au-delà de la coïncidence des opposés. Remarques sur la théologie copulative chez Nicolas de Cuse, in: Revue de théologie et de philosophie 121 (1989) 57–78

STALLMACH, JOSEF: Der „Zusammenfall der Gegensätze" und der unendliche Gott, in: Nikolaus von Kues (s. u. II.3.3: Jacobi, 1979), S. 56–73

WINKLER, NORBERT: Amphibolien des cusanischen All-Einheitsdenkens – Zwischen Restitution der Metaphysik und Aufbruch in die Dialektik (Zur Problemstruktur eines durch Koinzidenz begründeten platonischen Monismus), in: Historia Philosophiae Medii Aevi. Studien zur Geschichte der Philosophie des Mittelalters,

Bd. II, hg. v. Burkhard Mojsisch und Olaf Pluta, Amsterdam – Philadelphia 1991, S. 1065–1082

Dialektik in der Metaphysik – Nikolaus von Kues: Koinzidenzdenken und das idealistisch gefaßte Monismusproblem, in: Deutsche Zeitschrift für Philosophie 38,8 (1990) 715–723

YAMASHITA, K.: ‹Die coincidentia oppositorum bei Cusanus (in Japan.)›, [Resümee des Vortrags anläßlich der 4. Jahrestagung der Japan. Cusanus-Gesellschaft, 1985], in: Bulletin der Japanischen Cusanus-Gesellschaft 6 (1986) 5–6

ZUM BRUNN, EMILIE: Présupposés éthiques et «coïncidence des opposés», in: Freiburger Zeitschrift für Philosophie und Theologie 33 (1986) 111–128

3.2 *Zur Theologie und Christologie*

FEDERICI VESCOVINI, GRAZIELLA: La nuova teologia di Nicola Cusano, in: Storia della teologia dalle origini patristiche ad oggi. A cura di Giulio d'Onofrio, vol. II, Casale Monferrato 1993

KAISER, ALFRED: Die Christologie des Nikolaus von Kues im Urteil Isaak August Dorners (1809–1884), in: MFCG 19 (1991) 196–220

MAGNARD, PIERRE: Du nom de Dieu selon Nicolas de Cues, in: Bulletin de littérature ecclésiastique 89,3 (1988) 188–201

PEÑA, LORENZO: La concepción de Dios en la filosofía del Cardenal Nicolás de Cusa, in: Revista de la Universidad Católica (Quito, Equateur) 47 (1987)

SCHÖNBORN O. P., CHRISTOPH: „De docta ignorantia" als christozentrischer Entwurf, in: Nikolaus von Kues (s. u. II.3.3: Jacobi, 1979), S. 138–156

3.3 *Zu verschiedenen Themenbereichen*

BORSCHE, TILMAN: Entgrenzung des Naturbegriffs. Vollendung und Kritik des Platonismus bei Nikolaus von Kues, in: Mensch und Natur im Mittelalter. 2. Halbbd. Hg. von Albert Zimmermann und Andreas Speer (Miscellanea Mediaevalia, Bd. 21/2) Berlin 1992, S. 562–571

BREDOW, GERDA VON: Docta ignorantia, in: Historisches Wörterbuch der Philosophie, Bd. 2, München u. Darmstadt 1972, Sp. 273–274

Lernen des Nichtwissens. Erfahren unbegreiflicher Wahrheit, in: Geist und Leben 62 (1989) 165–175

CORLESS, ROGER: Speaking of the Unspeakable. Negation as the Way in Nicholas of Cusa and Nagarjuna, in: Buddhist-Christian Studies 2 (1982) 107–117

DUCLOW, DONALD F.: Mystical Theology and Intellect in Nicholas of Cusa, in: The American Catholic Philosophical Quarterly, Vol. LXIV, No. 1 (1990) Special Issue. Nicholas of Cusa edited by Louis Dupré, 111–129

EBY, CHARLES T.: Nicholas of Cusa and Medieval Cosmology. A Historical Reassessment, in: Proceedings of the Patristic, Medieval and Renaissance Conference, Vol. II, Villanova, Pa. 1986, S. 83–90

FEDERICI VESCOVINI, GRAZIELLA: Le fonti ermetico-neoplatoniche della Dotta Ignoranza di Nicola Cusano, in: Il neoplatonismo del Rinascimento. Atti del Convegno Roma 1990, Roma 1992, S. 62–72

GARCÍA GONZÁLES, JUAN A.: Conocimiento y mundo en Nicolàs de Cusa. Su unidad y la circunferencia. Universidad de Málaga (Diss.), 1988. DE 50,4 (1989) 606-C

GRÜSSER, O.-J.: Ein Erkenntnismodell des Nikolaus von Kues und der Grad der Betrachtung einer Hypothese, in: Zeitschrift für Allgemeine Wissenschaftstheorie 19 (1988) 232–238

HARRIES, KARSTEN: Problems of the Infinite: Cusanus and Descartes, in: The Am. Cath. Philos. Quart. (s. o. unter Duclow, 1990), 89–110

HAUBST, RUDOLF: Das Neue in De docta ignorantia, in: MFCG 20 (1992) 27–53

„Weisheit des Nichtwissens", in: Ders., Streifzüge (s. o. II.3.1: Haubst 1991), S. 141–163

JACOBI, KLAUS: Ontologie aus dem Geist „belehrten Nichtwissens", in: Nikolaus von Kues. Einführung in sein philosophisches Denken. Freiburg/München 1979, S. 27–55

KOENIGSBERGER, DOROTHY: The Infectious Imagination of Nicholas of Cusa, in: Dies.: Renaissance Man and Creative Thinking. A History of Concepts of Harmony 1400–1700, Hassocks, Sussex 1979, S. 100–147

Universality, the Universe, and Nicholas of Cusa's Untastable Foretaste of Wisdom, in: European History Quarterly 17 (1987) 3–33

KREMER, KLAUS: Gott – in allem alles, in nichts nichts. Bedeutung und Herkunft dieser Lehre des Nikolaus von Kues, in: MFCG 17 (1986) 188–219

LONGEWAY, JOHN L.: Nicholas of Cusa and Man's Knowledge of God, in: Philosophy Research Archives (Bowling Green State University, Bowling Green, OH) 13 (1987/1988) 289-313

MCTIGHE, THOMAS P.: Contingentia and Alteritas in Cusa's Metaphysics, in: The Am. Cath. Phil. Quart. (s. o. unter Duclow, 1990) 55–71

MASASHI, CHIDA: ‹Die belehrte Unwissenheit und das Wissen des Nichtwissens (in Japan.)›, in: Bulletin der Japanischen Cusanus-Gesellschaft (Tokyo) Nr. 15 (1990) 2–7

MÖRSCHEL, ULRIKE: Docta ignorantia, in: Lexikon des Mittelalters, Bd. III, München und Zürich 1986, Sp. 1153–1155

O'ROURKE BOYLE, MARJORIE: Cusanus at Sea: The Topicality of Illuminative Discourse, in: Journal of Religion 71,2 (1991) 180–201

RŒSSLER, DAMIEN: Le concept de nature et la nature du concept, in: Études de lettres, Genève 1992, 59–66

Senger, Hans Gerhard: Überlegungen zur Wirkungsgeschichte des Nikolaus von Kues, in: ΕΝ ΚΑΙ ΠΛΗΘΟΣ (Festschrift für Karl Bormann), Würzburg – Altenberge 1993, S. 174–210

Yamashita, K.: ‹The Position of "Docta ignorantia" (in Japan.)›, in: Studies in Medieval Thought (Tokyo) 32 (1990) 115–123

Zigo, M.: Učenou nevedomosť ou k začiatkam novovekého myslenia ‹Von der Docta ignorantia zu den Anfängen des neuzeitlichen Denkens (= Einleitung zu der slowakischen Übersetzung, s. o.)›, Bratislawa 1979

Zimmermann, Albert: „Belehrte Unwissenheit" als Ziel der Naturforschung, in: Nikolaus von Kues (s. o. unter Jacobi, 1979), S. 121–137

4. *Varia*

Christianson, Gerald: Cusanus' Contemporaries. (6) Giuliano Cesarini (1389?–1444), in: American Cusanus Society Newsletter, Vol. VII, No. 1 (1990) 17–19

Izbicki, Thomas M.: Nicholas of Cusa: The Literature in English Through 1988, in: Nicholas of Cusa in Search of God and Wisdom. Ed. by Gerald Christianson and Thomas M. Izbicki (Studies in the History of Christian Thought, Vol. XLV), Leiden et al. 1991, S. 259–281

Senger, Hans Gerhard: Nikolaus von Cues (Forschungsbericht 1960–1986), in: Contemporary philosophy. A new survey ed. by Guttorm Fløistad, Vol. 6. Philosophy and Science in the Middle Ages, Part 1, Dordrecht 1990, S. 563–603

Research on Cusanus in America. The Beginnings, Subjects, Tendencies, Desiderata, in: American Cusanus Society Newsletter, Vol. VII, No. 1 (1990) 34–44

5. *Rezensionen*

der ersten Auflage:

Actualidad bibliográfica de filosofía y teología. selecciones de libros 3,4 (1965) 383 (E. Colomer)

Rivista di filosofia neo-scolastica 57 (1965) 387–388 (A. Bausola)

Scholastik 40 (1965) 142 f. (W. Kern)

Kant-Studien 56 (1965/66) 115–116 (J. Kopper)

Gregorianum 47 (1966) 168–170 (P. Henrici)

Sudhoffs Archiv 50,4 (1966) 427 ff. (F. Krafft)

Theologische Literaturzeitung 91,10 (1966) 768–769 (R. Grabs)

Mitteilungen und Forschungsbeiträge der Cusanus-Gesellschaft 7 (1969) 169 f. (G. v. Bredow)

Revista portuguesa de filosofía, Suplemento bibliografico 42, Tomo 8 (1970) 65 f. (A. M. Martins)

Philosophischer Literaturanzeiger 25,3 (1972) 145 ff. (J. Hirschberger)

Revue des sciences philosophiques et théologiques 56 (1972) 63ff. (L. J. Bataillon/Chr. v. Schönborn)

der zweiten Auflage:

Actualidad bibliográfica de filosofía y teología. selecciones de libros 7,14 (1970) 504 (E. Colomer)
Mitteilungen und Forschungsbeiträge der Cusanus-Gesellschaft 8 (1970) 239f. (G. v. Bredow)
Wissenschaftlicher Literaturanzeiger 9 (1970) (H. Oberer)
Studia Patavina 18 (1971) 181–182 (G. Santinello)
Sudhoffs Archiv 55,1 (1971) 111 (F. Krafft)
Philosophischer Literaturanzeiger 25,3 (1972) 145–147 (J. Hirschberger)
Theologische Revue 68 (1972) 474 (R. Haubst)
Erasmus 29,13/14 (1977) 449ff. (J. C. Margolin)
Daphnis 7,4 (1978) 723f. (J. C. Margolin)
Wissenschaft und Weisheit 42,2/3 (1979) 203ff. (E. W. Platzeck)

VON NIKOLAUS ZITIERTE AUTOREN UND EIGENNAMEN

(Die Zählung bezieht sich auf die Paragraphen und Zeilen des lateinischen Textes.)

REGISTER DER BIBELZITATE

(Die Zählung bezieht sich auf die Paragraphen und Zeilen des lateinischen Textes.)

REGISTER DER ZITIERTEN HANDSCHRIFTEN

(Die Verweise E 1, E 2 usw. beziehen sich auf die Anmerkungen zum Vorwort.)

REGISTER DER VERWEISE AUF DIE WERKE DES NIKOLAUS

(Die Verweise beziehen sich auf die Anmerkungen des Quellenapparates. n. 1, n. 2 usw. verweist auf die Paragraphennummern, A 1, A 2 usw. auf die Reihenfolge der Anmerkungen zu den einzelnen Paragraphen, E auf das Vorwort.)

REGISTER DER ZITIERTEN AUTOREN

(Zu den Verweisen s. das vorige Register)

VERZEICHNIS WICHTIGER BEGRIFFE

aus De docta ignorantia, Buch I

Die Zählung bezieht sich auf den lateinischen Text. Die Zahlen vor dem Komma bezeichnen die am Rande des Textes angegebenen Paragraphen, die Zahlen hinter dem Komma deren Zeilen. Bei der Zeilenzählung sind die Kapitelüberschriften mitgezählt. Die beigegebenen deutschen Bedeutungen wurden auf die Wiedergabe der wichtigsten Grundbedeutungen beschränkt. Inhaltsverwandte Begriffe sind oft gruppenweise zusammengefaßt.